NF文庫
ノンフィクション

世界の戦争映画100年

1920－2020

瀬戸川宗太

潮書房光人新社

世界の戦争映画100年——目次

写真協力／公益財団法人川喜多記念映画文化財団

世界の戦争映画100年

——1920-2020

プロローグ

ブラッド・ピット主演の戦争映画『フューリー』（14）を観ながら、ハリウッド映画の様変わりした部分と、かつての作品との共通性に思いが及ぶ。本作は第二次大戦末期ドイツ領内に侵攻した〈フューリー〉と名付けられた、M４シャーマン戦車の乗組員たちの物語である。

ブラッド・ピットが演ずるのは戦車長の軍曹役。一九六〇年代のテレビシリーズ『コンバット』のサンダース軍曹（ヴィック・モロー）をちょっと想起させるが、配属されて来たばかりの新兵に、降伏したドイツ兵（アメリカ兵から奪ったと思われるレインコートを身に着けている）を無理やり殺させる冷酷な上官として当初は描かれる。そのため、人情味厚いサンダース軍曹とはかなり隔たりがあるよう思えるが、映画を最後まで観れば、両者がよく似たタイプのリーダーであることに気づくだろう。戦闘シーンの臨場感を高めているのは、撮影手法や特撮のレベルアップも無論影響しているが、根本的にはアメリカの戦争観に揺らぎが生じたおかげである。大きく変化しているのは、戦場のリアリズム描写の方なのだ。具体的には、『地獄の黙示録』(79)に始まる一連のヴェトナム戦争映画が戦場の現実感覚を飛躍的に精緻なものにした。

アメリカは、様々な戦争映画を制作して来たので、同ジャンル作品を語る際どうしてもハリウッド映画に偏りがちになる。合衆国が、第二次大戦後も世界各地で、局地戦や軍事介入を繰り返してきた事実を思い起こせば、戦争映画製作の数が他国を凌駕しているのはごく自然なことで、ハリウッド作品に批評が偏るのは仕方がない。

オリジナル版『戦争映画館』(現代教養文庫)では、三百五十本ほどの戦争映画を紹介(タイトル名をあげただけの作品を含む)したが、今回はその時をはるかに超える倍の本数(約七百本)を取り上げることができた。現在古い作品が次々とDVD化され『決死のビルマ戦線』(45)、『八人の鉄人』(52)等の日本未公開作品や『潜水艦X7号』(75)のごとく劇場で見逃したもの、それに子供の時テレビで観て以来、再見の機会がなかった『暴力に挑む男』(45)、『生きるべきか死ぬべきか』(42)等を手軽に

『フューリー』——M4戦車と乗員たち。手前左が車長役のブラッド・ピット

鑑賞できるようになっている。が、オリジナル版は一九九八年に出版しているため、『シン・レッド・ライン』(98)、『プライベート・ライアン』(99)、『ブラックホーク・ダウン』(99)等については言及していない。

増補・改訂版では、以上列記した話題作はもちろん、冒頭であげた『フューリー』や一昨年公開された『ハクソー・リッジ』(16)、『ダンケルク』(17)のような新しい

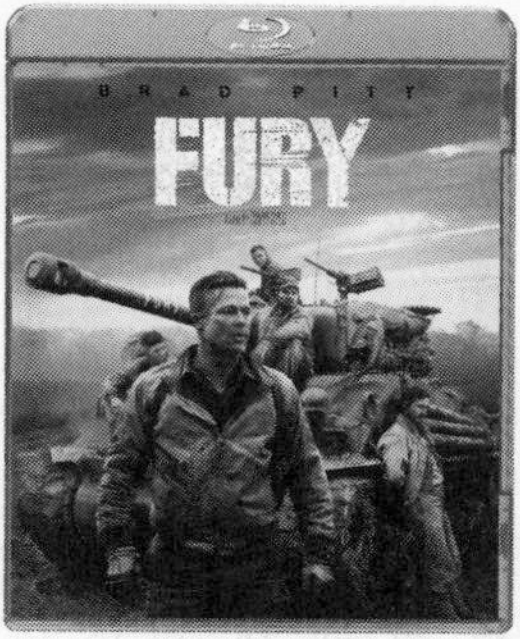

『フューリー』発売中
Blu-ray 2,381円(税別)／DVD 1,410円(税別)　発売：KADOKAWA／ソニー・ピクチャーズ エンタテインメント　販売：ソニー・ピクチャーズ エンタテインメント　＊2020年8月の情報です

『撃墜王アフリカの星』——戦後いち早くつくられたドイツ空軍エースの伝記

作品も書き加えた。
ところで、私の映画館通いは小学校低学年から始まっている。初めは当然親と一緒だが、父親がテレビ会社に勤めていたこともあり、既に小学校就学以前に、自宅に置かれていたテレビで、劇場用映画を気ままに観ることが習慣化していた。現時点の記憶を頼りに判断すれば、私が最初に観た戦争映画は『撃墜王アフリカの星』(57)ではないか(日本での劇場公開は一九六〇年)。母親に連れられて、映画館へ行ったのをよく覚えている。今にして思えば、母は戦時中、特攻隊を見送っているので、ドイツの撃墜王の話を自己の青春時代と重ね合わせて観ていたのかもしれない。

『撃墜王アフリカの星』を観た後（一九六二年）には、『陽動作戦』（61）や『史上最大の作戦』（62）を劇場で鑑賞しているから、私の戦争映画遍歴が始まるのはおおよそこの頃ではないか。戦争映画は制作された時代の戦争観や社会のありようをスクリーン上に映し出している。個々の作品を分析していくことで様々なことが見えてくるが、それは西部劇と同じくジャンル映画という形で、時代・社会・人間を描いているためだ。

私は映画を楽しむために観て来たし、今も好きだからこそ観続けている。この本は映画少年だった時のエキサイティングな思い出を基に書きあげた。いわゆる「映画で何かを学ぶ」といった類のものではない。また同ジャンル作品を相当な数紹介しているが、もともと体系的な映画の本を書くことを目的としたわけではなく、網羅的になっているのはあくまでも結果に過ぎない。が、本書を戦争映画の社会批評やガイドブックとして読まれるのは読者の自由で、私にとっても大変うれしいことではある。

第一章　アクション映画

戦争アクションの最高峰――『ナバロンの要塞』

アクション映画として、まず取り上げねばならないのは、アリスティア・マクリーン原作の映画化というだけあって理屈抜きで楽しめる。冒険小説（『ナヴァロンの要塞』〈早川書房〉）の映画化というだけあって理屈抜きで楽しめる。時代は第二次大戦中、ナバロン島は地中海にある小さな島という設定だが実在はせず、あくまでもフィクション。戦争映画には『史上最大の作戦』（62）や『大脱走』（63）のように史実に基づいたサスペンスアクションも数多いが、『ナバロンの要塞』は純然たる冒険小説の映画化である。舞台設定をたまたま第二次大戦のヨーロッパ戦線としているに過ぎず、いつの時代でも通じる冒険譚といえよう。

『ナバロンの要塞』——ギリシャ軍大佐を演じたアンソニー・クイン（右）

例えば、同じマクリーン原作の映画『軍用列車』（75）は、チャールズ・ブロンソン主演の西部劇というスタイルをとり、時代も場所も『ナバロンの要塞』とはまったく異なっているにもかかわらず、繰り返される絶体絶命の危機を、主人公が次々と乗り越えていく展開や、ミステリ仕立てになっている構成などは両作ともほぼ共通している。マクリーン小説の映画化は、『北極の基地　潜航大作戦』（68）に代表される、米ソの冷戦を背景としたサスペンスアクションもあるため、それらを合わせて観れば、『ナバロンの要塞』の魅力が、第二次大戦とはほとんど関係ないことがわかるはずだ。

が、実際に実行された連合軍将校たちの脱走大作戦をモデルとした『大脱走』(63)のように、サスペンスの面白さをふんだんに取り入れた戦争映画も少なくない。そこで、戦争アクションという区分をする際、事実に基づくか否かは、さしあたり重視しないことにした。

また、歴史的事象に着目すれば、二十世紀以前の戦争を含めてもいいが、そうなると『ベン・ハー』(59)、『スパルタカス』(60)等、古代ローマ史劇まで取り上げねばならなくなる。それではあまりに範囲が広くなりすぎるので、本書では、第一次大戦、第二次大戦、朝鮮戦争に関係する作品を基本とし、それ以外の戦争を背景としたものは、必要に応じてセレクトしつつ、最後に一括して書くことにした。ヴェトナム戦争については、同ジャンルの大きな転換とも関わるため独立の章を設け詳述する。第二次大戦末期の戦いを再現した『バルジ大作戦』(65)や日本の真珠湾攻撃を題材とした『トラ・トラ・トラ!』(70)などは、歴史戦争映画という区分も可能だが、この種のものは全て戦争アクションとして本章で扱うことにした。

さて、最初に書いた『ナバロンの要塞』、かつて巷の風評では、戦争アクションの最高峰の呼び声も高かったが、私はリバイバル上映で観たせいか、それほどには感じなかった。映画は期待し過ぎると裏切られるものだが、本作についてはその理由だけでなく、六〇年代の初め、アクション映画の主流が戦争ものであったからではないか。つまり、現代における『ミッション・インポッシブル』『スターウォーズ』『ロード・オブ・ザ・リング』シリーズや『バットマン』『スパイダーマン』等のアメコミの役割を戦争映画が果たしていた。同時期には、まだ西部劇も盛んに上映されていたし、歴史劇や他の冒険映画を加えると、アクションものは花盛り。戦争大作が正月や夏休み中の観客動員のメインだったことは、当時の興行番付を見れば一目瞭然である。それに業界側もふんだんに金をかけ、マスコミを通じて大宣伝していた。『ナバロンの要塞』もフルショットの砲台シーンは、ミニチュアセットが使用されていたが、俳優たちが演技する部分は、六〇年代に大ヒットしたショーン・コネリー主演の『００７』シリーズばりのオープンセットが組まれ、いかにも大作然とした雰囲気。グレゴリー・ペック、デヴィッド・ニーヴン、アンソニー・クインらのビッグスターが顔をそろえるエンタテインメント大作だった。今でいうブロックバスタームービーである。音楽を担当したのは、ディミトリ・ティオムキン。往年の映画音楽ファンなら知らぬものはいない作曲家。ギリシャを象徴する神殿遺跡の映像と、七十ミリ大画面にふさわしいティオムキンの曲を背景としたタイトルシーンは、『ベン・ハー』等のスペクタクル史劇をほうふつとさせ、スクリーンの前で、当時の観客たちが胸躍らせた様子が目に浮かぶ。

しかし、私がこのアクション大作を劇場で観たのは、リバイバル上映でずっと後のこと。なにしろ同じアリスティア・マクリーン原作の『荒鷲の要塞』（68）を観てからなのだ。今でいえば、『プライベート・ライアン』を『フューリー』の後に観るようなものである。

さらに言うなら、『ナバロンの要塞』が長い間、語り草となってきたのは映画の出来具合よりも、むしろ原作の面白さのためではないか。実際、ひと昔前の冒険小説愛好家は、ほとんどがマクリーンの著書を高く評価し、中でも「ナヴァロンの要塞」を好きな本の上位にあげていた。が、今日では冒険小説の読者層は様変わりしている。

私は、原作も「荒鷲の要塞」を先に読んでしまったので、正直に言って映画・小説とも『荒鷲の要塞』の方が楽しめた。荒鷲の城に潜入したイギリス情報部の将校（リチャード・バートン）が、突然、自分の素性を告白するくだりは、どんでん返しの連続で、謎解きとサスペンスの醍醐味を堪能した覚えがある。

それに、この戦争アクションは、クリント・イーストウッドが、マカロニウエスタンの傑作『荒野の用心棒』（62）、『夕陽のガンマン』（63）、『続・夕陽のガンマン』

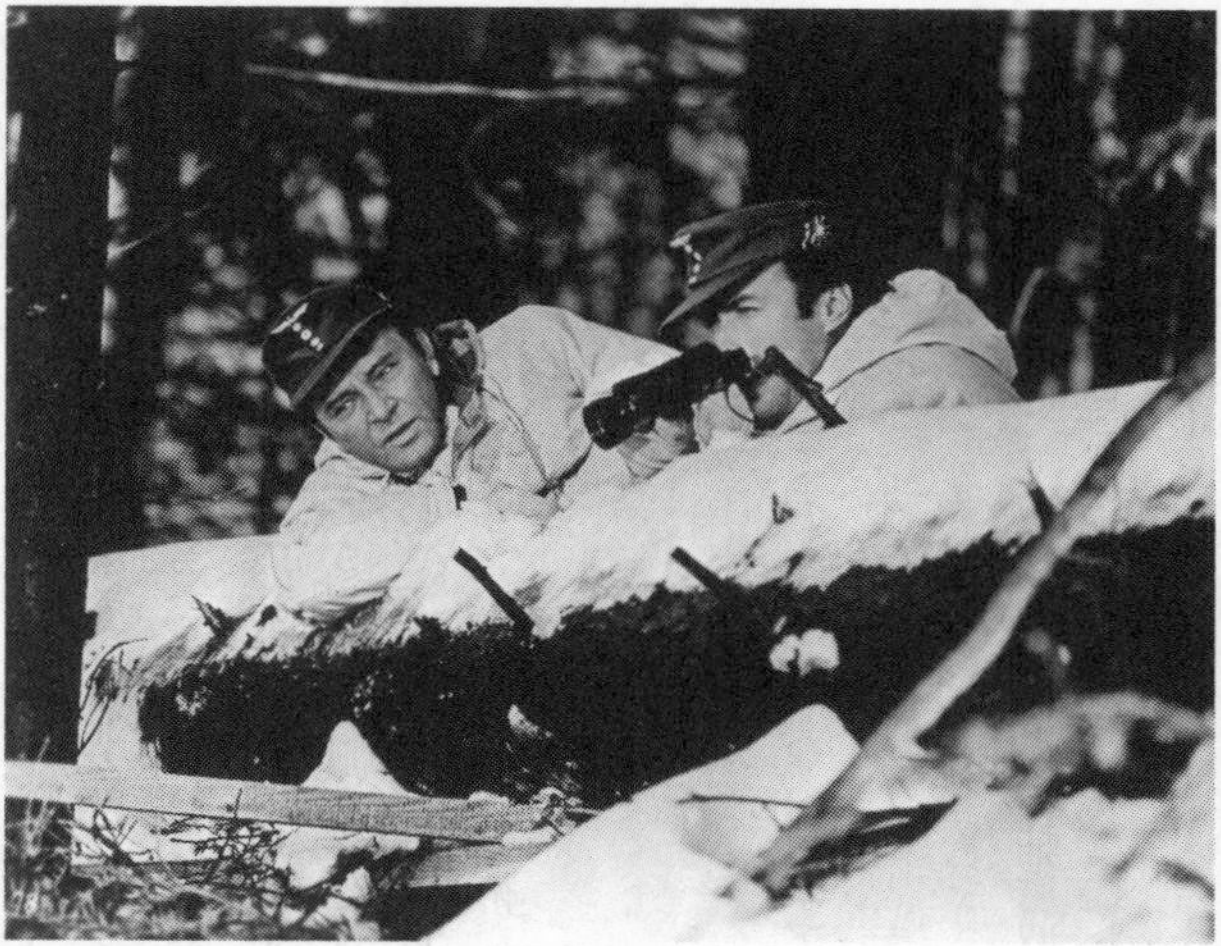

『荒鷲の要塞』——リチャード・バートン（左）とクリント・イーストウッド

（66）で大ブレークした後、本国アメリカに凱旋して、スターの座を占めるうえで重要な役割を果たした。『ダーティハリー』シリーズに出演する以前、イギリスの名優リチャード・バートンを相手に、若手ながら存在感のある演技を見せたのが忘れられない。イーストウッドはイタリアから帰国し、すぐ出演したハリウッド製西部劇『奴らを高く吊るせ！』（67）がヒットしたとはいえ、どのような役者になっていくのかまだ暗中模索の段階だった。本作でリチャード・バートンと共演し、『マンハッタン無宿』（68）で監督ドン・シーゲルと運命的に出会い、決定的なチャンスを手にする。ハリウッド大スターへの足掛かりをつかんだ節目の時だった。ドン・シーゲルとは、数年後『ダーティハリー』第一作で、ガッチリとタッグを組み、俳優人生に大きな転機をもたらしたのは有名な話だ。そのため『荒鷲の要塞』は『ナバロンの要塞』とは違った意味で語り継がれていく。映画は、大勢の人が携わる総合アートゆえ、思わぬきっかけで評価が変遷する。それに、この種のアクションは、時を経過するにつれて色あせてくる事実に留意すべきだろう。特撮レベルが日進月歩しているため、アクションシーンを撮影技術だけで判断をすれば、過去と現在では比べ物にならない。

悲劇と栄光のドラマ――『大脱走』

だが、今観かえしても、色あせない戦争アクションもある。人間ドラマをベースにし、反ナチズムのメッセージを持った作品群。その筆頭に、ジョン・スタージェス監督の『大脱走』(63)をあげたい。スティーヴ・マックイーン主演で知られるこのスペクタクル大作は、ドイツ国内にある捕虜収容所から七十六名の連合軍将校が集団で脱走し、必死の逃走劇を展開。結局、ごく少数の者しか逃げることはできないが、計画の最高責任者バートレット(リチャード・アッテンボロー)の目論んだ後方かく乱作戦は当初の目的を達成する。『大脱走』の原題は『The Great Escape』で、そのまま訳せば「偉大なる脱走」。大勢が脱走するという意味ではない。ラスト近くで、バートレット隊長が十名ほどの部下たちと一緒に、丘の上で銃殺されるシーンが印象に残る。ゲシュタポ（ナチの秘密警察）や親衛隊にとって、バートレットは何としてもひっとらえ息の根を止めねばならない男。彼を路上で逮捕した時の親衛隊将校の得意満面な顔や、訊問する前のゲシュタポ連中のはしゃぎようは、裏を返せばこの人物が第三帝国にとっていかに憎むべき存在だったかをあらわしている。捕虜になった軍人の最後の抵抗は、収容所から逃げ出すこと。死を賭しても、ナチスドイツに屈しない男たちの闘いを活写した本作は、第三章のレジスタンスものに一脈通じている。それに一九六〇年代に制作された類似作品の出発点ともなった。とはいえ、ハリウッド製脱走映画の原点が、ビリー・ワイルダー監督の『第十七捕虜収容所』(53)にあるのは心に留めておくべきだろう。この捕虜収容所映画は、のっけから、「戦争映画というと、いつも航空機映画や潜水艦やフロッグマンやゲリラの話ばかりだ。捕虜を扱った映画がないのは不満だな」などとナレーターのふざけた語り口で始まる、いつものワイルダー調のオープニング。『大脱走』が『第十七捕虜収容所』からいただいていると思わせる場面もいくつか散見するが、むしろ『大脱走』に直接影響を与えたのは、ケン・アナキン監督のイギリス映画『謎の要人悠々逃亡』（61）の方ではないか。

同作品を観ていると、どこかで聞いたようなセリフがやたらと出てくるので、思わずにやりとさせられる。ジョン・スタージェス監督がケン・アナキンの仕事からヒントを得ていることは当然考えられるが、もしかしたら、『大脱走』のモデルとなった実際の脱走事件を、『謎の要人悠々逃亡』が参考にしたためかもしれない。最近DVDで、『木馬』（50・日本未公開）や『もう一人の捕虜』（53・日本未公開）というイギリスの脱走映画を観たが、やはり『大脱走』とよく似たシーンがいくつも出てくる。両方とも日本では公開されてないので、同種の作品は他にもまだあるはずだ。

ともあれ、原点が『第十七捕虜収容所』とはいいながら、『大脱走』がドイツ軍収容所からの脱走劇をポピュラーなものにしたのは疑いない。六〇年代半ばの『脱走特急』（65）にいたっては、『大脱走』の列車バージョンといった雰囲気。イギリス兵捕虜の中に、ライアン大佐（フランク・シナトラ）を頭に数人の米兵がいるプロットなどは、大勢のイギリス軍将校の中にいる少数派のアメリカ軍将校ヒルツ大尉（スティーヴ・マックイーン）やヘンドリー中尉（ジェームズ・ガーナー）らの存在を想起させるが、『脱走特急』の原作となったD・ウェストハイマーの冒険小説は、脱走するのがアメリカ軍将校たちの収容所で、捕虜となっている人数もはるかに多く、舞台設定が映画とは異なる。

その後、オリバー・リード主演の『脱走山脈』（68）やポール・ニューマン主演の『脱走大作戦』（68）等、ブームの波にのって同ジャンルが何本か制作された。もっとも『脱走山脈』はフランス映画『牝牛と兵隊』（60）を下敷きにしているという方が正解。

『大脱走』――スティーブ・マックイーン

さらには、六〇年代半ば、テレビで戦争コメディ『0012捕虜収容所』が人気番組となった。原題は『Hogan's Heroes』。ホーガン大佐（ボブ・クレイン）の率いる連合軍捕虜たちが、自分たちを閉じ込めているドイツ軍の収容所を、捕虜の脱走援助とドイツ国内のスパイ工作基地に作り変えてしまう超ナンセンスなお話。

クリンク収容所長（ワーナー・クレンペラー）と捕虜達を現場で管理しているシュルツ軍曹（ジョン・バナー）は底抜けのお人よしで、ホーガン大佐のおもうままに操られてしまう。ドイツ空軍が管理しているあたりは、いかにも『大脱走』をモデルにしているようだが、むしろ『第十七捕虜収容所』に出てくるドイツ陸軍の収容所長（オットー・プレミンジャー）と太ったドイツ軍曹（シグ・ルーマン）のパロディ化といった方が正しい。シグ・ルーマン扮するドイツ軍曹はちょっとお人よしに見えるが、実はアメリカ軍捕虜の中に送り込んだドイツのスパイ（ピーター・グレイブス）と密かに連絡を取り合う狡猾な悪玉。しかもその名が『0012捕虜収容所』のお人好しな軍曹と同じシュルツなのだ。同テレビシリーズはアメリカで大ヒットし、戦争ものでは『コンバット』を凌ぐ最長番組となった。

また、ダーク・ボガード主演の脱走映画『合言葉は勇気』(63)が『大脱走』とほぼ同じ時期に制作されている。やや変わったところでは、イギリス軍の捕虜となったドイツ軍将校（ハーディ・クリューガー）が、何度も脱走を繰り返す『脱走四万キロ』(57)が、一九六四年三月、我が国で公開されている。制作年を考えると、たぶん『大

『第十七捕虜収容所』——ウイリアム・ホールデン（中）とロバート・ストラウス（左）

脱走』の大ヒットをうけて、急遽輸入されたものだろう。

『脱走四万キロ』と同じ年の制作では、アカデミー賞を独占した『戦場にかける橋』（57）が有名。こちらは、収容所ものとはいえ、日本軍の捕虜となったイギリス軍人たちのシリアスな人間ドラマで、ヨーロッパを舞台としたアクションで見せる同ジャンルものとは異なる。もう一本つけ加えるなら、第二次大戦直後、『捕らわれた心』（46）というイギリス軍捕虜の物語が映画化されているが、これがなかなかの名作。こうして見てくると、『大脱走』以前に同ジャンルは、いくつも制作されていたことがわかる。

ところで、『大脱走』の成功要因に、

ナチズムに対する闘いのメッセージが深く関わっている事実に注目すべきだ。強いものの権力のあるものには、本能的に反発心をあらわにするヒルツ大尉は、アメリカ合衆国の独立記念日、ヘンドリー中尉らを率い星条旗を掲げて収容所内を行進し、大英帝国の支配から独立した祖国の栄誉を讃える。しかも捕虜の先任将校であるイギリス軍大佐（ジェームズ・ドナルド）の面前で、「イギリスくそくらえ」と行進した仲間に大声で言わせてしまう。ジョーダンとはいえ、この行動は誰であろうと、圧制者には絶対服従しないヒルツの心意気を示して余りある。と同時に、アメリカ合衆国の立場を表しているのがうまい。

さらに言えば、バートレット隊長をはじめ、大勢の脱走者がゲシュタポや親衛隊に殺されるにもかかわらず、抵抗のシンボルというべきヒルツ大尉が健在なため、ラストが少しも暗くならない。殺害された五十人の不屈の魂が、ヒルツの中に生き続けているからだろう。

そのヒルツの逃亡過程は、バイクを巧みに乗りこなし動の部分を象徴。それに対し、静の部分を代表しているのが、オーストラリア将校セジウィック（ジェームズ・コバーン）である。彼は、自転車を盗みあたかも快適な一人旅を楽しんでいるかのごとく、悠々と風光明媚な田舎道を逃げていく。ヒルツと同様に必死な形相で逃げ回るバートレットたちと、静の逃亡劇（ボートでゆっくり河を下っていくダニーとウィリーも含む）が見事なコントラストをなしていた。

セジウィックは、途中フランスのレジスタンスに偶然助けられ、スペイン国境を超える。その時案内役をつとめるスペイン人が、国内のファシスト勢力と戦った人民戦線兵士の生き残りであることに、聡明な観客はすぐ気づくにちがいない。時代背景に対する確かな視点が、このエンタテインメント大作の土台をしっかりと支えている。その後の類似作品が映画としての鮮度を早目に失ってしまうのは、アクションやサスペンスのまずさと言うより、時代認識の弱さのためではないか。

もう一つ、『大脱走』の成功要因は、群像劇としての見事さにある。ただ大勢のスターが出演しているのではなく、一人一人のキャラクターが丁寧に描き分けられ、ドラマ全体の中で、各人の個性が有機的にうまく結びつけられている。

例えば、トンネル掘りのダニー（チャールズ・ブロンソン）と相棒のウィリー（ジョン・レイトン）。それに脱走決行の日が迫り、突然目が見えなくなってしまう偽造のエキスパートブライス（ドナルド・プリゼンス）と、かれをサポートし一緒に行動する調達係のヘンドリー。また、逃げる途中、バートレット隊長を助けようとして、駅のプラットフォームで親衛隊将校に撃ち殺されてしまう若い将校アシュレイ・ピット

（デヴィッド・マッカラム）等、多彩な顔ぶれが巧みに絡み合い、テンションを高めながら、クライマックスへとなだれ込んでいく。登場人物のうち悲劇的な最期を遂げる者も少なくない。にもかかわらず、全体の色調がラストまで明るいのは、前述したようにヒルツが生き残るのに加え、ヘンドリーも生きて収容所に戻って来るし、ダニーとウィリー、それに例のオーストラリア将校セジウィックは脱走に成功している。主役級のメンバーの半数は生き残るかハッピーな結末を迎えているわけだ。群像劇のメリットは、悲劇と栄光の錯綜した状況が、ドラマに説得力を与えると共に、観る側に勇気と希望を抱かせてくれる。

ビッグスター大共演――『史上最大の作戦』

同時期の『史上最大の作戦』も、群像劇の傑作として映画史に名を残す一本。この戦争スペクタクルは、コーネリアス・ライアンのノンフィクション「史上最大の作戦」（早川書房刊、原題「The Longest Day」）を映画化したものである。第二次大戦の勝敗を決したノルマンディー上陸作戦（Ｄデイ）を、20世紀フォックスが巨費を投じ史実に則し再現した超大作。制作された一九六〇年前後は、一九五七年にＲＫＯラジオ映画会社が倒産し、撮影所でストライキが頻発するなど、映画業界は大きく揺さぶられ、押し寄せるテレビブームに巻き返しをはかっていた。

ハリウッドがブラウン管の枠では不可能なスケールの大きい大作を、いくつも世に送り出したのはテレビへの対抗策ともいえる。そのため、この時期には、ウィリアム・ワイラー監督の『ベン・ハー』、ジョン・ウェイン製作・監督・主演の『アラモ』(60)、ロバート・ワイズ監督のミュージカル『ウェスト・サイド物語』(61)、チャールトン・ヘストン主演の『北京の55日』(63)等映画史に残る名作や歴史的大作が次々と生み出された。

これらハリウッド映画大作のほとんどが撮影所を離れ、オールロケーションを敢行しているのは、労働争議の激化と切り離せないことも知っておくべきだろう。それ以前、チャールトン・ヘストン主演の『十戒』(57)などは、まだハリウッドで撮影が行なわれている。それに対し、五九年のヘストン主演作品『ベン・ハー』は、古代ローマが舞台なためイタリアのチネチッタ撮影所で制作された。

ともあれ、プロデューサーのダリル・F・ザナックの目算は見事に的中。『史上最大の作戦』は、ニューヨークタイムズ紙にも高く評価され、現在ＤＶＤで観かえしても十分見応えがある。鮮度がすこしも落ちていない。その理由はいくつか考えられるが、なんといっても群像劇としての完成度の高さゆえである。七十人ほどのスターが出演しているといわれているが、ともかく物凄い数のキャスト。本作大ヒットの後、世界的大スターとなったショーン・コネリーが、おどけたイギリス兵役で出演していることはあまりにも有名だが、ビッグスター名をちょっと挙げただけでも、顔ぶれの豪華さに圧倒されてしまう。

〈アメリカ側〉ジョン・ウェイン、ロバート・ミッチャム、ヘンリー・フォンダ、ロバート・ライアン、ロッド・スタイガー、ロバート・ワグナー、リチャード・ベイマー、メル・ファラー、ジェフリー・ハンター、ポール・アンカ、サル・ミネオ、ロディ・マクドウォール、ステュアート・ホイットマン、エディ・アルバート、エドモンド・オブライエン。

〈イギリス側〉リチャード・バートン、ケネス・モア、ピーター・ローフォード、リチャード・トッド、レオ・ゲン、ショーン・コネリー、トレバー・リード。

〈フランス側〉イリナ・デミック、ブール・ヴィル、ジャン＝ルイ・バロー、クリスチャン・マルカン、アル・レッティ、マドレーヌ・ルノー。

〈ドイツ側〉クルト・ユルゲンス、ベルナー・ハインツ、パウエル・ハルトマン、ゲルト・フレーベ。

当時よく知られた俳優名を並べただけでも、驚くべき顔合わせであることがお分か

『史上最大の作戦』――ジョン・ウエイン（中央）とトム・トライオン（右）

り頂けるのではないか。年輩の映画ファンであれば、その思いはなおさら強いはずだ。例えば、フランス人の神父役でわずかしか顔を見せないジャン＝ルイ・バローは、映画史に残る名作『天井桟敷の人々』(45) のあの主人公。若き日のバローが、鮮烈な印象を残すラストシーンを思い出す人もいるに違いない。前述したスターの中には、トム・トライオン、レッド・バトンズ、ピーター・ヴァンアイク、ハンス・クリスチャンブレヒ等五〇年代・六〇年代に活躍した個性派がもれているほどだから、その後有名になった俳優をあげ出すと、それこそ膨大な数になる。公開時には六十名だったスターの数は、現在確認されているだけでも、前述したように七十名にのぼる。オック岬の攻撃シーンでほんの僅かしか画面に顔をださないジョージ・シーガルは、クレジットされているとはいえ、この時点ではまだそれほど名前は売れてなかった。今では、出演した俳優たちのほとんどが他界してしまったから、その姿をスクリーン上でしか観ることができない。それに現在スターといわれる人たちを、この映画と同じように集めることもまず不可能。

また本作の凄さは、スターたちが単なる顔出しの演技に終わっていない点だろう。役者たちがドラマの中では、お互い顔を合わせることなく、バラバラに出演しているにもかかわらず、各自の役割が有機的に結びついて、ノルマンディー上陸作戦という一大叙事詩を構成していく。驚くべきことに、実写はほんの数カットしか使用されていない。それまでの戦争映画は、戦闘場面などはドキュメンタリーフィルムをふんだんに使い音響効果を加味して、迫力ある映像づくりをするのが当たり前だった。『史上最大の作戦』以後は、実写に頼らず群衆シーンを初め、臨場感溢れる戦場の映像を創り出す作品が一挙に増加し、『大列車作戦』(65)、『パリは燃えているか』(66)はその代表例。同系統の『バルジ大作戦』は、大量に必要な第二次大戦中のドイツ戦車(ティーガーII)がわずかしか存在してなかったため、アメリカ製のパットン戦車（M47）をロケ地のスペイン軍から借り、ドイツ戦車らしい塗装を施し代用した。おかげでリアル感は相当損なわれてしまっている。やがて、戦場シーンがリアリズム描写に傾斜していくにつれて、実際に使用された戦車や兵器を映し出すことに様々な工夫が凝らされるようになっていく。第二次大戦後、すぐに制作された映画には、本物のドイツ軍戦車（ティーガーやパンター）が残っていたのでそれらを使用できたが、六〇年代には大戦中の兵器を登場させるのは困難となっていた。その状況に対する制作側の創造的試みは、また後でふれたい。

さて話を元に戻そう。イギリス軍グライダー部隊のオルヌ河での攻防戦、ユタ・フォード・ゴールド海岸の上陸作戦。そして、オマハ海岸での一進一退の死闘。上陸作戦をいくつものパートに分け、それらがあたかも一つにまとまったドラマになるようにつくられている。部分と全体の統一が実に見事だ。一つ一つのパートだけでも、十分見応えのある作品に仕上がっている。オック岬で、絶壁をよじ登り、ドイツ軍の砲台を破壊しようとする部隊の戦いなどは、並の戦争映画一本分の物語とアクションを備えている。セント・メール・エグリーズ市を目標に降下したパラシュート部隊が、偶然、消火活動中の火災現場に降りたせいで、その場にいたドイツ軍に撃たれ全滅してしまう悲劇的エピソード。自由フランス軍によるカジノビル攻撃等、オック岬の戦闘に負けず劣らずの大アクション、ドラマ性という面から見ても、やはり並の映画一本分はあるだろう。

つまり、『史上最大の作戦』は、いくつもの戦争映画が合体して出来上がった作品というべきなのだ。それゆえ、監督も一人ではなく、アメリカ側、アンドリュー・マートン、イギリス側、ケン・アナキン、ドイツ側、ベルンハルト・ヴィッキーと三人も一級の演出家が顔を揃えている。さらにもう一人、エルモ・ウイリアムズ（プロデューサー兼監督）を加えるという贅沢さ。群像映画として申し分ない傑作になった理由は、以上の完ぺきともいうべき布陣により、各エピソードの独立性を徹底的に追求したからにほかならない。

さらに大勢のスターたちが、各シーンで主役級の演技を要求され、その気迫がひしひしと伝わってくる。その後のオールスター出演大作が、思うような成果をあげられなかったのは、俳優たちが顔出し的な演技に終始したせいだ。画面に登場するだけで、事足りるといった姿勢では、迫力ある映像やドラマチックな物語を紡ぎ出すことは不可能である。六〇年代半ば、ユル・ブリンナー等、大スターが大挙出演した『悪のシンフォニー』（66）は、国連が中心になって作った反麻薬キャンペーン映画。スターたちがボランティアで参加した（出演料が一ドルという）せいか、演技に熱がまったく感じられなかった。

また西部劇『西部開拓史』(62)のように、各エピソードの独立性があまりにも強すぎると、一本の映画にした本来の意味が失われ、いかにもとってつけたような筋立てになってしまう。それなら、はじめからオムニバス(短編集)にしてしまった方がずっとスッキリする。『史上最大の作戦』のように、スターをふんだんに登場させ、作品としてこれだけの充実感とまとまりを持った群像劇はめったにない。

レジスタンス映画の章で取り上げる『パリは燃えているか』(66)が匹敵する数少ない戦争スペクタクル。本作にも、国際色豊かなスターが大勢出演しているとはいえ、こちらはルネ・クレマン監督が、演出を一手に引き受けるという根本的な違いがある。それだけ統一性はあるけれど、部分の弱さが目立つ。レジスタンス映画の傑作『鉄路の闘い』(45)を世に送り出したルネ・クレマンにしては、やや濃密さに欠けていると感じてしまうのも、同じ演出上の弱点が原因だろう。

映画における言語の問題

そして大切な事柄をもう一つ挙げておく。言語の問題。これは案外見過ごされているが本当は重要である。

『パリは燃えているか』のような歴史考証に忠実な映画でさえ、冒頭に出てくるヒトラーとフォン・コルテッツ将軍（ゲルト・フレーベ）の会話以外は、ドイツ人フランス人とも流暢に英語を話してしまう。しかもヒトラーとの会見シーンが過ぎると、そのコルテッツ将軍も、ドイツ語をやめすぐに英語をしゃべり出す。せっかくパリ解放をリアルに描写したドキュドラマも、この部分だけはいただけない。いくらハリウッド資本にバックアップされているとはいえ、アラン・ドロンやジャン＝ポール・ベルモンドまで英語をしゃべりまくっては、パリで一大ロケーションを敢行した意味がなくなるではないか。

残念ながら、ジョン・フランケンハイマー監督の傑作レジスタンス映画『大列車作戦』も同様の誤りをおかしている。既に紹介した『荒鷲の要塞』で、ドイツの親衛隊大佐役アントン・ディフリングがペラペラ英語を話している場面などは、いかにも見苦しい。アントン・ディフリングはハリウッド映画のドイツ軍将校役者として、その筋のファンにはよく知られているドイツ人俳優。『ナバロンの要塞』では、ドイツ軍はちゃんと母国語を話しているのに。これは些細なことのようだが、意外と映画の出来に響いてくる。クリント・イーストウッド監督・主演の『ファイアー・フォックス』（82）は、ソ連人があたかもロシア語をしゃべっているようだが、耳を澄ませば、ロシア語のようなアクセントで英語を話しているのにすぐ気づく。この方法で、言語の問題を処理しているケースは意外と多い。近年では、スターリン時代のソ連が舞台のミステリ映画『チャイルド44』(15)が同じ方法を採用していた。

けっさくだったのは、ジャック・スマイト監督の戦争大作『ミッドウェイ』(76)の冒頭。舞台は、第二次大戦中の広島。山本五十六役の三船敏郎が、いきなり英語を流暢にしゃべり出す。これにはさすがに笑ってしまった。日本人が観たら、誠に馬鹿馬鹿しいことなのだが、ハリウッド映画はこうした大ミステイクを平然とやってのける。前述したヨーロッパ戦線やソ連を描いた作品も、ドイツ人やロシア人にしてみれば、やはり奇異に感じるに違いない。

これはハリウッドだけでなく、『ラスト・エンペラー』(87)のような、イタリア、イギリス、中国の合作にも見られ、正しくない傾向といえよう。世界的なマーケットで売れるのを優先するあまり、せっかくのリアリズムを台無しにしてしまうのはいかがなものか。

『史上最大の作戦』では、アメリカ人は英語を、イギリス人はクイーンズイングリッシュを、フランス人、ドイツ人は、それぞれの母国語を正確に話している。この当たり前のことがなかなかその通りにいかない。各国民、各民族が自国、自民族の言語を話す映画が増えていくのが、作品レベル向上という意味でも大切だ。ケヴィン・コスナーが製作・監督・主演した傑作西部劇『ダンス・ウィズ・ウルブス』(90)は、正確なスー族の言葉が使われているという。もし、スー族が過去の西部劇のように英語や、字幕も出ない怪しげな言葉を話していたら、映画の価値は半減していたにちがいない。同傾向への評価もあるためか、近年、ハリウッド映画でも各国の言語を話すケースが目立ってきた。

さて、言語問題の最後に、日本語の翻訳について一言述べておく。『史上最大の作戦』がはじめて日本で公開された時、確か清水俊二氏の訳だったと思うが、コータ准将(ロバート・ミッチャム)が、オマハ海岸でクギ付けになっている兵士たちを、奮い立たせようとするセリフ「この海岸に残るのは、二種類の人間だ。既に死んだ者とこれから死ぬ者だけだ」といったフレーズが、やけに印象に残っている。どのシーンも味のあるセリフばかりだった。翻訳の良し悪しによって、映画の面白さはまるで違ってくる。

そこで、一九九四年、ノルマンディー上陸五十周年を記念して、同年六月六日にNHK衛星第二で放映された『史上最大の作戦』の字幕スーパーに苦言を呈しておきたい。他にも気になる箇所は色々とあるのだが、ヴェルレーヌの「秋の歌」第二節の訳についてだけは、黙って見過ごすわけにはいかない。公開時は勿論、ビデオやレーザーディスク（DVD以前の大盤ディスクソフトで現在は販売されていない）の字幕も全て同じ、「身にしみてひたぶるにうら悲し」。一般に知られている上田敏の訳。

この詩は、連合軍の侵攻開始を知らせる極秘暗号で、ドラマの中では核心ともいうべき意味を持っている。NHKの訳では、有名な一節が「けだるく我をさいなむ」となぜか変えられていた。これではぶち壊しではないか。ここは、クルト・ユルゲンス扮するドイツ軍少将が、ヒトラーに予備の機甲兵団派遣を要請するのを拒否する西部軍司令官＝元帥（パウエル・ハルトマン）に対し、皮肉をこめてつぶやく重要なセリフともなっている。西部軍司令官は生粋のドイツ軍人、第一次大戦中、たかが一兵卒（伍長）に過ぎなかったヒトラーごときに頭を下げ、機甲兵団派遣を要請することは自己のプライドが許さない。ヒトラーに不快感をあらわにするくだんの元帥を前に、重苦しい表情でクルト・ユルゲンスが「けだるく我をさいなむ」とつぶやくのでは、まったくお話にならない。ちなみに、コーネリアス・ライアンの原作『史上最大の作戦』（早川書房）の中でも「身にしみてひたぶるにうら悲し」と、当然のごとく上田敏の訳を採用していた。

私が旧版の「戦争映画館」の中で、以上の字幕スーパーを批判した後は、テレビ放映をはじめＤＶＤ等でも、それまでの通り上田敏訳に戻っていた（多分、私の批判や指摘とは関係ないだろう）。ところが、近年テレビで再放映された字幕がまた、稚拙な訳になっていたという。

「Ｄデイ」を生々しく再現した『プライベート・ライアン』

さて、ノルマンディー上陸作戦（Ｄデイ）を題材とした作品は、スパイものなどを含めると結構多い。『あの日あのとき』（55）、『総攻撃』（56）、『渚のたたかい』（60）、『特攻大作戦』（67）、『36時間』（64）、そういえば『荒鷲の要塞』もＤデイをめぐる情報戦を描いていた。それにテレビシリーズ『コンバット』や『バンド・オブ・ブラザース』の同作戦をあつかったエピソード等、いくつも思い浮かぶが、『プライベート・ライアン』くらいＤデイをリアルに映像化したものは他にない。

『史上最大の作戦』にも出てくるオマハ海岸での激戦を生々しいタッチで再現した冒頭シーンを、マスコミがセンセーショナルに報道したことで有名である。スピルバーグ監督は、戦場の恐怖を実感してもらうために最新のＶＦＸ（特殊効果）を駆使し、同場面を生々しい映像に仕上げた。二〇一五年に制作されたクリント・イーストウッド監督のイラク戦争を舞台とした『アメリカン・スナイパー』（15）などを観ても、

『プライベート・ライアン』——手前からトム・ハンクス、マット・デイモン

『プライベート・ライアン』
4K ULTRA HD + Blu-ray セット：5,990 円＋税／ Blu-ray: 1,886 円＋税／ DVD: 1,429 円＋税　発売元：NBC ユニバーサル・エンターテイメント＊2020 年 8 月の情報です。

一九七〇年代までの戦争映画とは異なり、リアルな映像が当たり前になっているが、その変遷史についてはヴェトナム戦争映画史の章で再度触れる。

しかし、過激と評された残酷な描写の導入部を除けば、『プライベート・ライアン』も昔ながらの戦争アクションとそれほどの違いはない。そもそも本作は、テレビの『コンバット』に出てきそうなヒューマンドラマがベースとなっている。物語はノルマンディー上陸作戦などで三人の兄を全て失い、唯一生き残った末っ子のライアン二等兵（マット・デイモン）を、本国に居る母親の元へ帰還させるよう、軍の上層部から命令が下るのが発端。アメリカ軍としては、ライアン二等兵の母親をこれ以上過酷な目にあわせるわけにはいかない。そこでミラー中尉（トム・ハンクス）たちによる救出作戦がスタートするわけで、同作戦に命をかけたミラー中尉と部下たちのサバイバル劇が本作の見どころとなっている。激戦の末、生き残ったライアン二等兵は、救出作戦で戦死した者たちの分まで、後の人生をしっかり生きねばならない。

このように、一人の兵士を救うための作戦は、ナチスドイツの軍は勿論、他の軍隊でもちょっと考えにくいことなのだが、そこはさすが人命尊重国家アメリカの軍隊。『プライベート・ライアン』のストーリーは創作だが、モデルとなった出来事は存在するという。朝鮮戦争を舞台とした『地獄への退却』(52)の中にも、兄弟が戦死したことを理由に若い兵士（ラス・タンブリン）に対し除隊命令が下される場面が出て来る。スピルバーグ監督はおそらく『地獄への退却』を観ているだろう。

テレビシリーズの『コンバット』でも、『おそすぎた連絡』というエピソードでは、サンダース軍曹の分隊メンバーコヴアック二等兵の妻が、危篤状態になったので本人を帰国させよという命令が司令部から来る。運悪く分隊は出動中だったため、連絡を受けたヘンリー少尉（リック・ジェイソン）は無用な心配をかけないよう、その情報を無線で分隊に伝えなかった。ところが、任務が長引いて分隊が本隊へ戻って来た時、妻は既に死亡していた。そのため、コヴァック二等兵は「なぜもっと早く知らせてくれなかったのか」とヘンリー少尉に恨みを抱く。

同エピソードを観て分かったのは、アメリカ軍では、兵士の妻が危篤状態となった場合、その兵士を帰国させるということだ。三人の兄を一挙に亡くしたライアン二等兵を帰国させるため、軍が救出作戦を行なう『プライベート・ライアン』と発想が近い。というように、現在の戦争映画もリアリズム描写を除けば、古い作品と案外類似点が多く、『フューリー』の戦車長が『コンバット』のサンダース軍曹を思い出させる点については、既に冒頭でふれた。

『あの日あのとき』は原題が「D-DAY THE SIXTH OF JUNE」という割に上陸作戦に参加した軍人の恋愛シーンばかりが目につき、戦争ものというより恋愛ものといったムードが濃厚だが、欧米の戦争映画には、戦争を背景とした純然たるラブロマンス、例えばビビアン・リー主演の『哀愁』（60）のような作品だけでなく、男女の愛憎劇が核となっているケースが少なくない。ウィリアム・ホールデン主演の『戦場の誓い』(57)は、ヘミングウェイの小説「武器よさらば」の第二次大戦版といわれるだけに、男女の恋愛が中心のメロドラマ。若き日のデボラ・カーが複数の役柄を演じた名作『老兵は死なず』(56)は、戦闘場面などほとんど出てこない人間ドラマだった。

そう考えると、『あの日あのとき』は激しい戦闘アクションが最後にひかえているから、戦争映画のジャンルに含めるのは当然。が、『史上最大の作戦』のオマハ海岸での死闘のように歴史的事実に則したものになっておらず、一般の戦争映画と比較すれば恋愛映画に傾斜しているのは明らかだ。主人公(ロバート・テイラー)は作戦の先遣部隊員(英・米・加連合の特殊部隊)としてノルマンディー海岸に上陸する。様々な状況を考慮し判断すれば、オック岬の作戦に参加した部隊の戦いをモデルにしているといえよう。広々とした砂浜ではなく、崖らしき場所を登っていくのでオマハやユタ等の海岸と異なるのは確かだが、オック岬にしては斜面がそれほど急でないのが気にかかる。が、制作側にとっては、具体的な上陸地点がどこであるかはさして重要な事柄ではなく、ノルマンディー海岸での戦闘らしく見えればそれで十分だったのではないか。

えんえん続く戦闘シーン――『バルジ大作戦』

さて、歴史上の大作戦を映画化した作品は、リチャード・アッテンボロー監督の『遠すぎた橋』(77)のように反戦メッセージをもったものは例外で、アクションサスペンスの枠内に入るものが圧倒的多数派。が、タイトル名と内容がちょっとそぐわない『ダンケルク』(64)、『アンツィオ大作戦』(68)のように、演出を担当した映画監督(アンリ・ベルヌイユ、エドワード・ドミトリク)の個性が強く出た作品もある。ドミトリクは既に、海洋バトルと軍事法廷を描いた『ケイン号の反乱』(54)やドイツ軍将校(マーロン・ブランド)を主人公にした『若き獅子たち』(58)といった一風変わった戦争映画を世に送り出していた。

似たような歴史的戦闘を舞台にし、アクション性が極めて高いのが、ケン・アナキン監督の『バルジ大作戦』(65)。原作はノンフィクションで早川書房の文庫本が映画公開時、書店の棚に並べられていたのを思い出す。戦車戦のスペクタクルが見せ場の戦争大活劇といったところ。スケールのうえでは、『史上最大の作戦』や『パリは燃えているか』には及ばないが、ヘンリー・フォンダを筆頭に数多くのスターを起用し、第二次大戦末期、ドイツ軍最後の反撃をスクリーンに再現しているため、同時期のオールスター出演のスペクタクル巨編であるのは間違いない。

無骨なイメージのテリー・サバラスが、伝説のスタージェームズ・ディーンの恋人だった美人女優ピア・アンジェリと、ラブシーンを演じるのはちょっとした見ものだが、金をかけている割に凡庸な出来だった。イギリス映画のわき役、テレビ俳優から、映画スターの座に上りつめたロバート・ショウのドイツ軍大佐役は颯爽として評価に値するが、他のスターたちの魅力を引き出しているとはいいがたく、戦争映画ファンの私でさえ、大量の戦車が轟音を響かせ、銃撃戦が延々と続くのにはさすがに食傷気味となった。

また『バルジ大作戦』については、当時シネラマ映画館として知られたテアトル東京の大画面で観たおかげで、印象は鮮烈だが『史上最大の作戦』や『パリは燃えているか』と比べ、優れているとはとても思えなかった。それは前述したドイツのティーガー戦車の代わりに、アメリカのM47を使用したことも一因かもしれない。ティーガーⅡとM47では外観があまりにも違い過ぎる。一九六〇年代半ば我が国では、軍事関係のプラモデルがブームとなっていて、戦車プラモデルも人気があったから、ティーガーとして画面に映し出されるM47が全く別の戦車であることは、軍事オタクならずともすぐ気づいたのではないか。少なくとも違和感をもったはずである。

戦争映画に詳しい映画評論家の増渕健によると、画面に出てくる米軍車両の塗装は朝鮮戦争時のもので、第二次大戦ではありえないという。時代考証がきちんとされて

『バルジ大作戦』――ヘンリー・フォンダ（左）とロバート・ライアン

いない。さらに、テリー・サバラス扮する戦車長がかぶっているヘルメットが、当時のものでないのはもちろん、いったい何のヘルメットかも分からないとまで述べている。M47戦車を代用したことだけでなく、兵器の時代考証のいいかげんさが作品全体のつくりに影響を与えてしまった。

ビデオでカットされた場面とスチールの謎

さらには、《本作をビデオで見返してから、ずっと気になっていることがある。それまで販売されていたビデオは、一四一分。インターミッション（休憩）のすぐ後、アントワープ市の攻防戦が、そっくりカットされている。一九九六年、新しく出たロングバージョンは、一五六分となってその攻防戦は入っているのだがそれでも重要部分がカットされたままだ。アメリカの映画ガイドブック「Lenard Maltins MOVIE AND VIDEO GUIDE 1997」で調べると、一六二分となっている。依然としてカットされたままの六分間には、おそらく最初に出てくるドイツ軍の地下基地のシーンも含まれているのだろう。スクリーン上で『バルジ大作戦』を観た人は記憶されているはずだが、タイ・ハーディン扮するMPの一群がドイツ軍の地下基地内に突然侵入して来て、ヘスラー大佐（ロバート・ショウ）を驚かせるシーンがあった。ニセMPの訓練だとわかりヘスラー大佐も観客も一安心する。実は、このシーンがあるので、戦車隊の攻撃が始まる直前、パラシュートで降りてくるMPたちがドイツ語で話すのを隊長（タイ・ハーディン）が、制止し「英語を使え」と命令する理由が即座に理解できるわけだ。アントワープの司令部で、ヘンリー・フォンダ扮する少佐が「英語のうまいドイツ兵が集められている」という情報を、司令官（ロバート・ライアン）に報告するくだりがほんの一瞬出てくるけれど、そんなわずかなセリフだけでは、やみ夜にパラシュートで降りてくるMPたちがニセものであることに気づく人はまずいない。さらに言えば、ヘスラー大佐が例の地下基地内でドイツ軍の将軍から、反攻作戦の指揮を依頼されるが、肝心の

『バルジ大作戦』のプログラム。独ティーガー戦車に扮した米製のM47戦車

承諾するところが出てこない。V1・V2ロケットやタイガー戦車のミニチュアモデルを将軍に見せられたヘスラー大佐は「ドイツはおもちゃでは世界一だ」と皮肉を述べるが、結局、本物のタイガー戦車を確認しないまま、戦車に乗り込んでしまう。観ていて不自然に感じたはずだ。ビデオでは、ロングバージョン版を含め、なぜかこのシーンもバッサリ切られたままである。私が映画館で見た時は、整然と並んだ大戦車隊をバックに、ヘスラー大佐が作戦指揮を承諾するところが確かにあった。市販されているビデオが、劇場版より短いことはよくあることだが『バルジ大作戦』のように、やたらとカットされているケースもそう多くはないだろう。》

以上『バルジ大作戦』のビデオ版について

の《》内文章は、一九九八年に出版された『戦争映画館』（社会思想社）に掲載された文章そのままを引用しているが、同書が世に出てから数年後に売り出されたDVD版では、私が存在を主張したカット部分が全ておさめられていた。ただし、地下室でのタイ・ハイデンらは、MPのヘルメットは着用していないので、その時点では米軍に変装した特殊部隊の訓練としか分からない。が、ともかく劇場公開時に観た記憶の正しさが証明されたといえよう。

ついでにこの際言わせていただくと、『バルジ大作戦』のスチール写真には、現在販売されているDVD版や劇場公開版にも一切出てこないシーンを、撮影したものがやたらと多い。たとえば、ハンス・クリスチャンブレヒ扮するドイツ軍伍長が、炎上する戦車をバックにヘスラー大佐を助け起こそうとしている写真が存在する。これは、映画のスチール用に撮影したことも十分考えられるが、ドラマの展開上、二人が同場面で顔を合わせるはずはなくいかにも不自然。以上の写真を見ていると、『バルジ大作戦』には別のバージョンフィルムが存在するのではないかとさえ思えてくる。ビデオ版がやたらカットされているのは、何かその事と関係しているのではないか。これは私の勝手な憶測ではなく、増渕健もスチール写真の不可思議さを含め同じような見解を述べていた。関連するケースでは、ジョン・フォード監督の『荒野の決闘』

『鷲は舞いおりた』のプログラム。独軍によるチャーチル拉致作戦を描く

（45）が、これまでのフィルム以外に、別の版（非公開試写版）が近年になって発見されていることを考え合わせると、同推理は案外当たっているかもしれない。

ジョン・スタージェス監督の『鷲は舞いおりた』（76）も、ビデオ版は数台の米軍ジープが村に突入するシーンが、ちょっと見ただけでは分からないようにカットされていた。我々が普段気づかないこの種のビデオ・DVDはかなりあるのではないか。ノーカット版を観た時に初めて気づくことになる。

そこで、近年販売された『コンバット』のDVD版について苦言を呈しておく。当時の吹き替えのままで売りに出されているため、期待して購入したが放映時のものと異なり、映像がカットされているのでガッカリした。これではオリジナル日本語吹き替え版にした意味がなくなる。本来の主旨は放映時そのままを見せることだったはずだ。おそらくカット部分がわずかなため、気づかれないと思ったのだろうが、当時夢中になって観ていた人には、即座に完全版でないことが分かってしまう。往年の『コンバット』ファンを甘く見てはいけない。

□当たりの良いアクション――『レマゲン鉄橋』

『レマゲン鉄橋』(69)は、典型的な戦争アクションだが、戦闘の舞台となった橋はかつて実在し、実際の戦いがモデルとなっている。レマゲン鉄橋(ルーデンドルフ鉄橋)の戦いと言われても、日本人にはピンとこないが、第二次大戦のヨーロッパ戦線を記憶しているアメリカ人には、忘れられない激戦だった。なにしろ、ハリウッドの名作クリスマス映画『素晴らしき哉!人生』(46)の中に、レマゲン鉄橋の戦闘に参加したことが誇らしく語られる場面があるほどだから、ヨーロッパ戦線では相当名の知れた戦いだったといえよう。新しいところでは、ジョージ・クルーニー監督・主演の『ミケランジェロプロジェクト』(13)にもわずかとはいえ、同鉄橋攻防戦の話が出てくる。

『レマゲン鉄橋』の演出を担当したジョン・ギラーミンは、一九六〇年代のアクション派として知られ、本作では出世欲に取りつかれたアメリカ軍将校（ブラッドフォード・ディルマン）をわざわざ登場させ、軍隊告発テーマらしきものをからませているが、基本はあくまでも戦争アクション。戦場での戦友同士、敵との間で生まれる友情物語がメインになっているあたりなど、なんとなくテレビの『コンバット』に似て口当たりがいい。

『トラ・トラ・トラ！』が一級映画でない理由

さて、日本人になじみのあるハリウッドの戦争映画といえば、日米合作の『トラ・トラ・トラ！』（68）がまず思い浮かぶ（若い世代ならクリント・イーストウッド監督の『硫黄島からの手紙』（06）だろう）。20世紀フォックス製作の同戦争大作は、日本側演出を黒澤明に決定し、制作も始まっていたが、途中で20世紀フォックスと制作構想が折り合わなくなり、黒澤明が監督を降板。舛田利雄と深作欣二に交代する一大ハプニングが起きた。

タイトルの『トラ・トラ・トラ！』とは、一九四一年十二月八日、ハワイの真珠湾に奇襲攻撃をかけた日本海軍の作戦成功を知らせる暗号文「われ、奇襲作戦に成功せり」を意味している。が、このスペクタクル大作も歴史劇というより、アクション映画といった方がいい。監督は日本側、舛田利雄、深作欣二、アメリカ側、リチャード・フライシャー。俳優陣はオールスターと言いたいところだが、日本側、山村聰、三橋達也、東野英次郎、島田正吾、藤田進、田村高廣、渥美清（日本公開版のみ）とくらべ、アメリカ側はやや俳優のランクが落ちるのではないか。スターといえるのは、ジョセフ・コットンとジェイソン・ロバーツだけで、他に名前が知られているのは、マーチン・バルサム、E・G・マーシャル、ジェームズ・ホイットモアぐらい。懐かしいところでは、昭和三十年代のテレビヒットシリーズ『アンタッチャブル』で、アル・カポネを演じたネヴィル・ブランドが脇役で顔を出しているが、太って凄みのなくなった往年の悪役ブランドを見るのは、なんとなく寂しい気がした。

日米ともそれぞれ母国語をしゃべっているのは、『史上最大の作戦』と同じ。運命の日を焦点に様々な人物のドラマが交錯し、進行していくプロットもほぼ共通しているが、両作品の違いは、『トラ・トラ・トラ！』の方が、描かれている映像、ドラマともにインパクトが脆弱なことである。巨額の製作費に恵まれ、三人の監督が分担していながら、『史上最大の作戦』のように、一本の戦争映画として独立しているほど

『トラ・トラ・トラ！』――日本海軍機による真珠湾攻撃を再現した大作

迫力に満ちた戦闘エピソードはどこにも見当たらない。

この日米合作映画は、制作の中心となるべき巨匠黒澤明が演出を降りた段階で、作品の出来は決定したともいえる。完成したフィルムには、黒澤監督がイメージしていた映像もわずかに残っているとはいいながら、結局本来のものとは別物となってしまった。アメリカ側の監督リチャード・フライシャーの作風に、日本側が引っ張られたせいだ。黒澤監督は、フライシャーのことを、彼の作品名（『ミクロの決死圏』〔66〕）をもじって「ミクロ野郎」と軽蔑していたという。内容としては、日本海軍の勝利を描きながら、映画制作の過程ではアメリカ側の思惑通りに日本側は従わざるを得なかった。この皮肉な顚末は、日本がアメリカに深く従属していた日米関係を象徴していたともいえるのではないか。

そして、何よりも映画制作のベースにある思想性の欠如が決定的だ。『史上最大の作戦』は、エンタテインメントにもかかわらず、ドイツ側の場面で、ヒトラーの狂気に翻弄されるドイツ軍指揮官たちの悲劇が皮肉を込めて描かれ、フランス側ではレジスタンスの上陸作戦で果たした役割が、正当に評価されていた。反ナチズムの立場は明確でゆらぎがない。

一方『トラ・トラ・トラ！』は日本の軍国主義に対する批判はその片鱗さえ出てこないのだが、芸者たちが日本海軍の飛行士に声援を送るくだりではハリウッド風のユーモアが描かれる。無論、日米交渉過程でのアメリカ側の理不尽な態度など影も形もない。日米相互のなれ合いがドラマの底流にあったのではないか。その象徴がラストシーン。奇襲攻撃に成功した日本海軍の勇猛果敢さが描写されるかわりに、山本五十六連合艦隊司令長官（山村聰）の「これで眠れる巨人をおこしてしまった」というもったいぶったセリフが、エンドマーク直前に付け足される。同セリフで、スクリーン上では負けっぱなしのアメリカ軍の名誉も万事回復するといったしだい。何のことはない。お互いがヨイショし合っているだけではないか。この思想の貧困さ、歴史認識のお粗末さが、莫大な資金を投入しながら、権威ある批評家筋から評価されなかった最大の理由であろう。

日本兵対アメリカ兵

ハリウッドではヨーロッパでのナチスドイツとの戦いと並行して、太平洋上での日本軍との戦闘を再現した戦争アクションが数多く作られている。少年時代の私は、敵がドイツ軍だと抵抗なく、アメリカ軍サイドに気持ちが同化できたが、殺されるのが日本兵だとすんなりと画面に入っていけなかった。戦後すぐ公開されたジョン・ウェイン主演の『硫黄島の砂』（49）は、日本軍を相手に英雄的に戦ったアメリカ兵の物語だが、予想に反して我が国で大ヒットし、日本の映画人を驚かせた。そんな状況を考えると、戦後生まれながら私などは、よっぽど愛国的だったと言えよう。それにしても、ハリウッド映画に映し出される日本兵はどれも本物らしくない。まず話している日本語が不正確なうえ、顔つきがどことなく違う。中国系か他のアジア系アメリカ人が扮しているためだろう。中にはラテン系が日本人を演じている場合さえある。

サミュエル・フラー監督の『陽動作戦』に日本兵が出てくるが、私にはどうしても自分と同じ日本人には思えなかった。同じく少年時代に観た『ならず者部隊』（56）、

『大突撃』——ガダルカナル戦を描いた作品。中央が主演のキア・デュリア

『地獄の戦場』(60)、『大突撃』(64)などの日本兵にも違和感を持った。親の年代であれば、別の感情もわくのだろうが、戦後生まれの私は、カタコトの日本語をしゃべり、暴れまわる日本兵を同胞としてより、アメリカ軍の単なる敵というイメージで見ていたようである。それでも、前述したごとくドイツ兵が殺されるのとは異なる感情がどこかにあって、ヨーロッパ戦線を舞台とした映画と同じように観ることはできなかった。

『大突撃』は、『史上最大の作戦』でアメリカ側の演出を担当したアンドリュー・マートン監督作。戦闘シーンの緊迫感は抜群だった。爆発の轟音が映画館内に響き渡ったのを思い出す。さすがオマハ海岸での死闘をはじめ、ノルマンディー上陸作戦の迫力ある映像を創り上げた演出家だけのことはある。

同作品は、一九九九年にリメイク版が制作され、我が国では英語タイトル名をそのままカタカナにし、『シン・レッド・ライン』（99）の邦題で公開された。監督は映像派のテレンス・マリック。草原の中をほふくで前進するアメリカ兵の姿が、主観ショットで撮影され、恐怖感がじわじわと高まっていく。オリジナル版では音響効果によって表現された戦場の臨場感が、リメイク版では映像のリアリズムタッチを中心に描写されていた。残念ながら、キア・デュリア主演の『大突撃』については、今のところ、DVD、ブルーレイも販売されていないため、『シン・レッド・ライン』を観てどのようなものだったか想像してもらうしかない。

『シン・レッド・ライン』のプログラム。『大突撃』のリメイク版

小隊（プラトーン）の戦い

五〇年代から六〇年代始めにかけて、歩兵たちの戦いをドラマ化した戦争映画が数多く生み出された。『大突撃』もその一本。同種の作品は、我が国でつけられた邦題がどれも似通っているため、一般の観客には区別ができないのではないか。同時期に公開されたジャック・パランス主演の『攻撃』（56）、カーク・ダグラス主演の『突撃』（60）、スティーヴ・マックイーン主演の『突撃隊』（62）は、タイトル名だけでは、『大突撃』を含め映画ファンにとっても、内容の判別は難しい。

『攻撃』は軍隊内部の腐敗を告発した人間ドラマ。小隊の指揮官クーニー大尉（エディ・アルバート）は父親の七光りで出世した人物で、いざ戦闘が始まるとなにもできない臆病者。さらに問題なのは、クーニーの上官である大佐（リー・マーヴィン）は、大尉の無能な指揮によって小隊に多くの犠牲者が出ている事実を承知しながら、出世のために全てを隠蔽する。軍隊内の腐敗を暴いた同ジャンルとしては白眉と言っていい出来だ。エディ・アルバートの演じた病的ともいえるダメ男ぶりは必見の価値があるが、犠牲となった兵隊たちのために復讐心に燃える中尉役のジャック・パランスの鬼気迫る演技も凄まじい。

『突撃』は、第一次大戦のフランス軍内部の腐敗を告発した問題作。後に『2001年宇宙の旅』（68）で一躍脚光を浴びるスタンリー・キューブリックが、監督業を始めた初期の作品。『攻撃』と並ぶすぐれた軍隊告発ものだが、なによりもドリー（車の付いたカメラ移動台）を使った塹壕内部の長回しショットに代表される斬新なカメラワークが秀逸。それに対し『大突撃』と『突撃隊』は主に戦闘場面が見せ場の戦争アクションだった。

『攻撃』のプログラム。主演はジャック・パランス

二〇二〇年二月に公開された『1917 命をかけた伝令』（19）は、全編ワンショットの映像で話題となったが、その撮影手法に大きなヒントを与えたのは、『突撃』の塹壕シーンといえるだろう。第一次大戦の歩兵を主人公とした本作がキューブリックの映像づくりから多くを学んでいるのは確実である。

魚雷艇の戦い――『コレヒドール戦記』

歩兵ものではないが、少年時代思い出に残っているのが、太平洋上での戦闘を舞台にした『コレヒドール戦記』(45)。本作は、終戦から約四ヵ月後に完成しているため、戦意高揚映画とはいえないが、かといって純然たる活劇でもない。原題が『彼らは消耗品だった』というので厭戦的かといえば、そうでもなく、むしろジョン・フォード監督の演出は、魚雷艇の攻撃シーンなどで、並の戦争アクション以上の切れ味を見せる。同フィルムは、スペンサー・トレイシー主演の『マラヤ』(49・日本未公開)で一部使いまわしされた。同じ魚雷艇の戦いをあつかった『魚雷艇109』(63)とは比較にならない迫力である。もっとも『魚雷艇109』はケネディ大統領の宣伝をかねた従軍記だから、アクションに力が入っていないのもやむを得ない。そういえば、ジェームズ・フランシスカ主演の『地獄の艦隊』(69)というPTボートが活躍する洋上バトル映画があったが、こちらは典型的なB級アクション。

思えば、フォード監督の『コレヒドール戦記』は、魚雷艇乗組員たちの心理劇を描くのが目的だったのではないか。美しい女性将校(ドナ・リード)とジョン・ウェインらとの淡いロマンスもなかなかいいムードだった。本作でもう一つ印象的なのは、当時南西太平洋方面で連合軍の指揮をとっていたダグラス・マッカーサー将軍が顔を出す場面。コレヒドールの戦いで敗軍の将となったマッカーサーは、魚雷艇に乗って密かにコレヒドール島を脱出した。

グレゴリー・ペック主演の『マッカーサー』(77)にも、二隻の魚雷艇に分乗したマッカーサーと側近たちが、日本軍の包囲網を突破するシーンが出てくる。もし『コレヒドール戦記』が戦時中につくられていれば、戦意高揚映画の仲間入りをしていたのは確実といえよう。ジョン・フォードは既に記録映画『真珠湾攻撃』(43)のような好戦ドキュメンタリーをとっていたから、『コレヒドール戦記』のラストはあたかも戦意高揚映画のように見える。おかげで小学生の時、有楽町にある丸の内東宝で本作を観て(日本での初公開は一九五四年十月だが、私が観たのは一九六三年九月のリバイバル上映)以来、大人になるまでずっと日本と戦争中の作品だと思い込んでいた。

太平洋の島々での激闘

太平洋戦線を舞台にした戦争映画の中で、少年時代最も複雑な思いを抱いたのは、前述した『硫黄島の砂』である。現実の硫黄島での戦いは、沖縄やサイパン島の激戦と並び無数の悲劇を生み出した。アメリカ軍の捕虜となることを拒否して、崖の上から投身自殺をはかるサイパン島の日本兵や民間人の実写フィルムが眼の前にちらついて、『硫黄島の砂』は、他のハリウッド映画と同じように観るわけにはいかなかった。我が国でヒットしたというが、不快な気持ちになった人も大勢いたはずである。

東南アジアや太平洋上の島々での戦闘を描いたアメリカ映画は、ジョン・ウェイン主演の『バターンを奪回せよ』（45）やコーネル・ワイルド監督・主演の『ビーチレッド戦記』（64）等が我が国で劇場公開されているが、近年、日本未公開の作品が次々とDVD化され、アメリカが日本をどのように見ていたかがより詳しくわかるようになってきた。第二次大戦中の戦意高揚映画は、一部日本でも公開されているが、反日色が露骨なものは、戦後もほとんど輸入されなかった。前述した『硫黄島の砂』は日米戦の記憶がまだ残っている時代とはいえ戦後の作品である。『コレヒドール戦記』との関係で取り上げた『マラヤ』が、戦後の一九四九年製作にもかかわらず、我が国で公開されなかったのは、当時日本で人気の高かった二枚目ジェームズ・スチュアートが劇中「ジャップ」と日本人を蔑視するセリフを喋るシーンがあったからではないか。朝鮮戦争が始まる前までのハリウッド製戦争映画は、まだソ連を同盟国扱いし、日本を「ジャップ」と呼び敵視する戦争映画が製作され続けていた（クラーク・ゲーブル主演の『戦略爆撃指令』（48）等）。

ただし、一九四九年のベルリン封鎖前後から、ソ連や共産党を悪玉扱いする映画が製作され始める。戦後のウイーンを舞台にした『赤きダニューブ』(48)はその代表作で、このあたりの状況は、赤狩りのところでまたふれねばなるまい。

終戦からさらに時を隔てつくられた『戦場よ永遠に』(60)は、日本人に育てられた海兵隊員(ジェフリー・ハンター)が多数の日本人を助けるお話で、いわば日米の和解がテーマ。この映画が日米安保条約改定の年(一九六〇年)に制作されたことがわかれば、アメリカの対日観が大きく変化している事情も了解できる。『ビーチレッド戦記』が、日本人の家庭生活までフラッシュバックで映像化しているのも、やはり六〇年代の映画だからだ。無論今から見れば、アメリカ人の日本観は誤解に基づくものが少なくない。が、戦時中や戦争直後と根本的に違うのは、日本人を野蛮人ではなく、文明国の人間として描こうとする姿勢である。

何処ともわからない南方の無人島が舞台の日米合作映画『勇者のみ』(64)も、このジャンルに含めるべきだろう。監督・主演がフランク・シナトラにもかかわらず、日本人俳優が多数出演しているため、なんだか日本映画のように思えた。公開劇場が東宝邦画系で、併映が森繁久彌主演の『喜劇駅前医院』だったせいかもしれない。

同じ流れに属するものが、ジョン・ブアマン監督の『太平洋の地獄』(68)。無人島にたった一人だけ生き残った日本海軍将校(三船敏郎)と島に漂着したアメリカ海軍将校（リー・マーヴィン）が当初は敵対関係にあるが、お互い生き延びるために徐々に協力し合い、やがて和解する。しかし、二人は些細な出来事をきっかけに再び仲たがいしてしまう。ドラマは、両者が理解し合わないまま別れる場面で終わるため、割り切れない印象を持った人もいたようだが、へたな友情物語で締めくくるよりはるかに説得力があった。それに、本作は現実の日米関係には、まだ深い溝があるのを暗示していたともいえる。

そう言えば、『トラ・トラ・トラ！』が制作されたのは日米安保条約が自動延長された一九七〇年。日米の協力が求められている中で、両国が互いにちゃんと理解し合っていたわけではない実情を、この戦争大作の制作過程（黒澤明の監督降板騒動等）や映画の出来具合はあらわしていたともいえよう。『太平洋の地獄』は『トラ・トラ・トラ！』の二年前に製作されている。

イーストウッドの熱意が生んだ『硫黄島からの手紙』

二十一世紀になってクリント・イーストウッドが監督した『硫黄島からの手紙』は、同作品の前編にあたる『父親たちの星条旗』（06）の後編だが、日本軍守備隊側の視点から硫黄島の戦いを描いたもので、日米の相互理解をテーマとした作品系列に属する。日本人俳優渡辺謙が栗林中将に扮し、歴史に残る激戦をリアルに再現した力作。だが、我々日本人は大いに反省すべきだ。本作制作に懸けるクリント・イーストウッド監督の熱意がなければ、島に眠る日本兵たちの戦いは、依然として歴史の闇に葬られたままだったに違いない。

我が国の映画界はこれまで硫黄島戦を真正面から取り上げようとしてこなかった。なぜなら、守備隊の玉砕を描くことは、軍国主義の賛美につながるという誤った考え方が、戦後の日本人を呪縛し続けてきたからである。『硫黄島からの手紙』には、それまでのハリウッド映画にはない日米戦の実相がスクリーン上に映し出されているが、似たような傾向は、同作品の少し前に制作されたテ

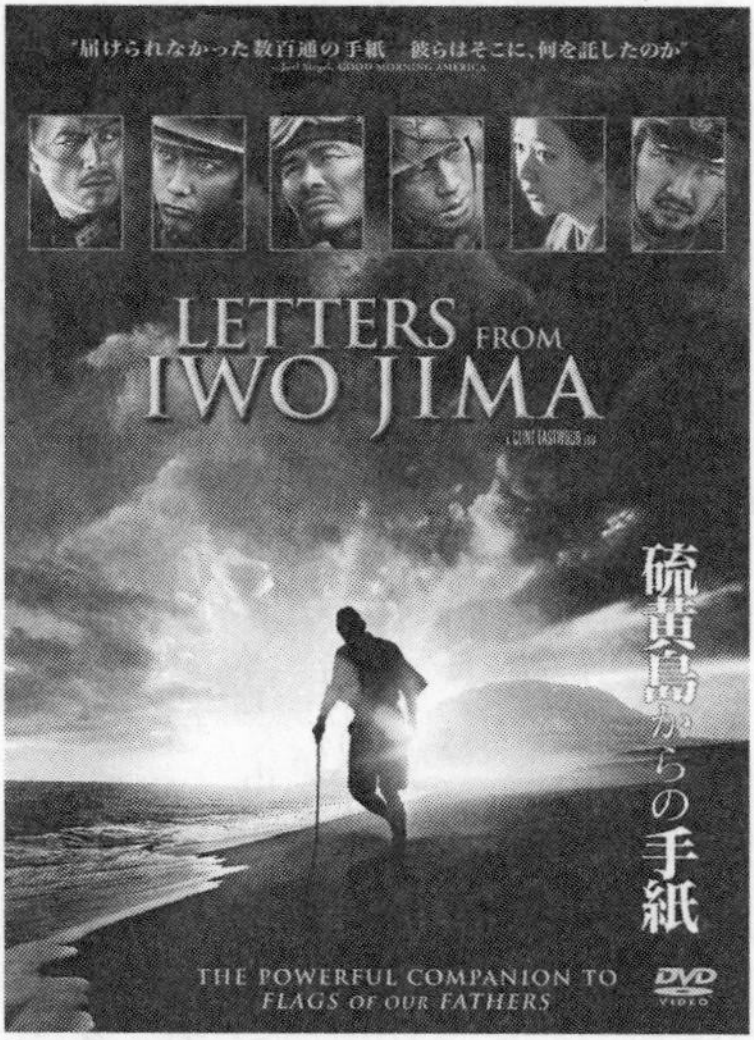

『硫黄島からの手紙』
ブルーレイ ￥2,381＋税／ DVD ￥1,429＋税
ワーナー・ブラザース ホームエンターテイメント

＊2020 年 8 月の情報です。

レンス・マリック監督の『シン・レッド・ライン』に既に現われていた。本作は『大突撃』のリメイクとはいえ、むしろ原作である戦争文学の正確な映像化という意味を持つ（原作は映画『地上より永遠に』（53）の原作者ジェームズ・ジョーンズの同名小説）。つまりアメリカ現代文学でいち早く克明に叙述されていた戦争の血生臭い実態を、スクリーンに映し出すのを一つの目的にしていた。

太平洋ミニチュア海戦

ところで、日米の戦いは地上戦よりも海上での戦闘を扱った作品の方が、我が国ではよく知られている。『太平洋作戦』（51）、『太平洋の翼』（52）、『第七機動部隊』（56）等洋上でのバトルを見せ場にしたアメリカ映画は、実写フィルムをふんだんに使っているせいか、どれもドキュメンタリー的傾向が強い。古い戦争映画が、地上戦を含め実写フィルムを使用していたことは、『史上最大の作戦』解説時にもふれ、経費だけでなく撮影技術上の問題も影響しているのはご存知のとおりだ。

また、太平洋上での戦艦どうしの戦闘は、日本海軍の艦艇が残っていない実状もあり、海戦シーンを再現するのは至難の業。だからといってミニチュアを使えば、上手くいくわけではなく、その場合、模型がよっぽど精工にできていないと逆効果になりかねない。戦艦がおもちゃに見えてせっかくのリアリズム感が台無しになってしまう。『トラ・トラ・トラ!』のように資金が豊富にあれば、日本の戦艦の実物大セットをつくることもできるが、並の予算では甲板の一部を再現するのもままならず、いきおい、ミニチュアや実写フィルムに頼る方へ進む。

ミニチュアモデルを使用したケースでは、第二次大戦の大西洋が舞台の『ビスマルク号を撃沈せよ』(60)が傑出している。太平洋を舞台にしたものでは、なんといってもオットー・プレミンジャー監督の『危険な道』(65)。戦艦が遠目には、あたかも本物のように見え、我が国の東宝映画『太平洋の翼』(62)、『連合艦隊司令長官/山本五十六』(68)、『日本海海戦』(69)等で知られる特撮監督円谷英二が手掛けた一連の海戦映画よりも優れていた。ミニチュアを使う場合、モノクロ画面の方が効果的である。『ビスマルク号を撃沈せよ』や『危険な道』は既にカラーが一般化していた時代、わざわざ白黒フィルムで撮影しているのは、本物らしく見せるためだろう。円谷英二の特撮技術もカラーでなければ、もっと迫力のある映像となっていたはずである。実際、『太平洋奇跡の作戦/キスカ』(65)については、モノクロであったことが相当プラスに作用した。

同じく色彩のない映像によって戦闘シーンの迫真性が一段と増したのが、クラーク・ゲーブル主演の『深く静かに潜航せよ』(58)。私はこの戦争映画をリアルタイムで観ていない。評判を聞いて是非劇場で鑑賞したいと思っていたが、なかなかチャンスがなく、結局テレビで初めてのご対面となってしまった。大画面でなかったせいか、予想していたほど出来が良いとは思わなかったが、ミニチュアと本物の駆逐艦を巧に組み合わせたバトルシーンには感心した。豊後水道を舞台にした駆逐艦「あきかぜ」とアメリカ潜水艦との死闘をじっくり見せてくれる。

爆雷が爆発する映像は前年に制作されたディック・ポウエル監督の『眼下の敵』(57)と並ぶ出来ばえ、爆雷投下後の沈黙の瞬間、続く爆破とパニック状況の潜水艦内部。この緊迫感に満ち溢れたカットの連続は、西ドイツ映画『Uボート』(81)やハリウッドの戦争アクション『U571』(98)に引き継がれていく。類似作品としては爆雷が魚雷に変わったともいえる『レッド・オクトバーを追え』(90)と『クリムゾン・タイド』(95)をあげるべきだろう。両作品とも原子力潜水艦が主役の近未来戦争アクション。『クリムゾン・タイド』には、『深く静かに潜航せよ』や『眼下の敵』のことを乗員達がわざわざ話題にするくだりがあって、本作が往年の潜水艦バトル映画へのオマージュとすぐわかるようになっていた。最近では、やや格が落ちるが『ハンター・キラー』(19)という同ジャンルのアクションものが制作されている。

『深く静かに潜航せよ』――左からバート・ランカスター、クラーク・ゲーブル

潜水艦映画の系譜

さて、潜水艦を主役とした映画がかねてより数多くつくられて来たのは、密室劇の面白さのおかげもあるとはいいながら、戦艦と比べるとミニチュアを本物らしく、スクリーンに映し出すことができたからではないか。『眼下の敵』では、本物のアメリカ海軍の駆逐艦を使用しているのに対し、『深く静かに潜航せよ』の場合、日本の駆逐艦が現存していないため、日本海軍の「あきかぜ」のシーンにミニチュアなどを駆使して苦労しているように見えた。潜水艦の方は本物らしく、爆雷攻撃にはらはらさせられる。そんな事情もあって、潜水艦ものは古くか

ら数多く制作されて来たといえよう。

初期には、西部劇の巨匠ジョン・フォードが、『海の底』(31)、『サブマリン爆撃隊』(38)を制作し、爆雷シーン等今観てもよくできているのに驚かされる。両作品とも第一次大戦中、アメリカ海軍とドイツ海軍Uボートの戦いをあつかっているが、その後の『潜水艦轟沈す』(41)、『Uボート撃滅』(42)、『潜水艦シー・タイガー』(43・日本未公開)、『Uボート略奪』(43・日本未公開)、『駆潜艇K－225』(43)等は制作年代を見てわかるように全て第二次大戦を舞台としていた。

『デスティネイション・トーキョー』(43・日本未公開)は、アメリカ海軍の潜水艦が東京空襲計画のため、日本へスパイ調査を敢行する物語で、第二次大戦中の典型的な戦意高揚映画。この映画は、『深く静かに潜航せよ』より遥か昔に、日本海軍とアメリカ海軍潜水艦との息詰まる戦いを見事に映像化していたにもかかわらず、反日色があまりに露骨すぎて、戦後長い間我が国で観ることができなかった。そのため、潜水艦バトル映画ファンの多い我が国でも、ほとんど知られていない。艦長役のケーリー・グラントが日本を批判するセリフは、民族蔑視の偏見に満ちたひどい内容で、ナチスドイツだけでなくアメリカも、当時排外主義の大波に呑み込まれていた事実を確認できる。

本作については、映画史的にも重要な意味を持っているから、名著『映画の教科書』（フィルム・アート社）の中で、ジェームズ・モナコが、わざわざ同作品の人種差別的性格について言及しているほど。ただし、翻訳された『映画の教科書』の同箇所を探す際は、題名が『目標東京』と日本語タイトルなっているので要注意。

『潜水艦轟沈す』は、タイトルのイメージと異なり、潜水艦が出てくるのは冒頭のみで、カナダ空軍によってUボートが沈められた後、上陸したドイツ軍兵士たちがカナダ国内を逃げ回る様をドラマ化したものだ。まだアメリカが対独戦に参加する以前のためか、ナチズム批判が中心。『デスティネイション・トーキョー』のように民族差別を煽るようなことはしていない。

冷戦時代の潜水艦映画

一九五〇年代の潜水艦が出てくる海洋映画は、核戦争直後の世界を舞台とした『渚にて』(59)、ジェームズ・ガーナー主演の『潜望鏡を上げろ』(59)、あとはコメディ映画『ペティコート作戦』(59)が有名だ。六〇年代では、イタリア映画『潜水艦浮上せず』(60)をあげるべきだろう。ただし、これは戦争ものではなく、海難事故をあつかった作品。後のパニック映画の走りと言いたいところだが、スケールが小さいうえに特撮が稚拙すぎた。が、潜水艦内に閉じ込められた乗組員の恐怖がジワジワと伝わってくる緊迫感はなかなかのもので、サスペンスミステリの傑作『恐怖の報酬』(53)、『眼には眼を』(57)で高い評価を受けた性格俳優フォルコ・ルリの演技が見ものである。

アニメーションと実写フィルムを組み合わせたお子様ランチ風の『秘密兵器リンペット』(64)も、このジャンルに加えてよい。またテレビシリーズ『原子力潜水艦シユービー号』が放映されるきっかけとなったアーウィン・アレン製作・監督の『地球の危機』(61)は、潜水艦が主役のSFアクション。この頃になると、『ナバロンの要塞』のところでふれた『北極の基地 潜航大作戦』のように、冷戦時代の米ソ対立から『潜水艦浮上せず』タイプの事故をあつかったものへとテーマが徐々にシフトしていく。五〇年代末の『渚にて』は、核戦争後のお話だから近未来SF映画というべきである。この流れに属するのが、『地獄と高潮』(60)、『駆逐艦ベッドフォード作戦』(61)。だが、七〇年代の『原子力潜水艦浮上せず』(78)は、制作年代を考えれば、海難事故や近未来がテーマというより、『ポセイドン・アドベンチャー』(72)の大ヒット以来ブームが続いていたパニックものと呼ぶべきではないか。その後、九〇年代まで潜水艦バトル映画は小休止の状態が続き、同ジャンルの本格的復活は、レーガン

『ペティコート作戦』――救助した看護婦に囲まれる艦長ケーリー・グラント

大統領時代に始まる米ソ新冷戦を背景とした『レッド・オクトバーを追え』まで待たねばならない。

二十一世紀になって制作されたハリソン・フォード主演の『K－19』(01)は、一九六一年に起きたソ連潜水艦の原子炉事故をあつかったノンフィクション・アクション。本作が我が国で公開された際、私はある経済誌の仕事で、来日したキャサリン・ビグロー監督に直接インタビューする機会があった。監督は私の一つ年上で、背の高いスラリとした美人。インタビューの最後に「あなたの一番好きな映画監督は誰ですか」と逆に問われ、即座に「ジョン・フォードです」と答えたのを憶えている。続いて「ジョン・フォードがつくった潜水艦の戦争映画を知っていますか」と聴かれたが、その時は未見だったので、「フォードの潜水艦映画のことはよく知りませんが、必ず観ます」と答えると、彼女が嬉しそうに微笑んだのが印象に残っている。ビグロー監督は、男性的な骨太なアクションを好んで制作しているから、多分戦う男の姿を描いたフォード作品にも影響を受けているのだろう。

そういえば、テレビシリーズ『コンバット』の全エピソードを分析したマニア向け本『コンバット・クロニクル』(グリーンアロー出版社)の著者ジョー・デヴィッド・スマイヤーも女性だった。スマイヤー女史は、私よりやや年下だが、少女時代に『コンバット』の魅力に取りつかれたと著書の中で述べている。アメリカでは、戦争アクションについて、我が国中高年層の女性たちが抱く先入観や偏見はない。

その他潜水艦映画といえるのは、これはちょっと変わり種だが、海洋冒険サスペンス『クインメリー号襲撃』(68)。第二次大戦中、アメリカ海軍の潜水艦艦長だった主人公(フランク・シナトラ)が、海底に沈んでいた小型のUボートを仲間たちと引き上げて修理し、それを使って大型客船クインメリー号を洋上で襲う奇想天外なストーリー。原作がSF小説『盗まれた街』のジャック・フィニー。脚本が、『猿の惑星』(68)のシナリオを担当したロッド・サーリングだからドラマ展開はめっぽう面白いが、凡庸な演出のおかげでいま一つの出来だった。

ところで、軍艦同士の戦いを描写した海戦映画では、イギリス戦記ものがよく知られている。マイケル・パウエル監督の『戦艦シュペー号の最後』（56）をはじめ、『封鎖作戦』（52）、『怒りの海』（53）等。『封鎖作戦』については、ポール・ウェンドコス監督が、ラストの二十分程の戦闘を膨らませて、『鉄海岸総攻撃』（68）というB級戦争アクションを手がけている。プロットを特殊部隊がドイツ軍港を奇襲する話に変えてあるが、明らかに『封鎖作戦』の焼き直し。イギリス海戦映画は、戦後間もなくつくられているため、本物の軍艦がスクリーン上に映し出され、軍事マニアが喜びそうなものが多い。それは、戦争直後の『コレヒドール戦記』やルネ・クレマン監督の『海の牙』（46）にも同じことがいえる。

意外だったのは、渋谷の映画館で兄（文芸評論家の故瀬戸川猛資）と一緒に観た『潜水艦ベターソン』（63）。イギリスの名優ジェイムス・メイスンが出演していたので、てっきりイギリスの海戦映画と思い込んでいたが、これがなんとイタリア製。私は大人になるまで製作した国をまったく思い違いしていた。ともかく、イギリスの戦記ものは、白黒フィルムであるうえに、二流のイメージが強く印象も薄い。なお今日ではCGを使い軍艦・潜水艦とも、実物そっくりに映像化できるため、ミニチュアを活用する機会はほとんどなく、視覚効果（ＶＦＸ）の事情は大きく異なっている。

ヨーロッパ戦線のプラトーンもの

さて、ここらあたりでヨーロッパでの地上戦に目を転じよう。ドイツ軍と英雄的に戦い、一躍ヒーローとなったハリウッドスターの自伝映画『地獄の戦線』（55）。本作を観ていなくとも、アメリカ国民なら、映画の中で自分自身を演じた俳優のオーディ・マーフィが、第二次大戦中に多数の勲章を授与された事実ぐらいは知っている。アメリカでは有名なお話。ところが、日本の映画ファンは、オーディ・マーフィの名前すら知らない人が結構いる。ましてや彼の武勇伝など聞いたこともないだろう。同じくアメリカ兵の英雄的な戦いを描いた『突撃隊』は、ヨーロッパ戦線での戦闘を見せ場とした典型的なプラトーンものである。この戦争アクションを初めて観たのは銀座にある東劇五階傑作座だった。同名画座は、とっくの昔になくなってしまったが、洋画のアクションやサスペンスものを中心に上映していた三本立ての映画館。いつも男性客で混雑していた館内の様子を懐かしく思い出す。今では映画館は女性客の方が多く、男性一色の風景に出会うことはなくなった。『突撃隊』は、テレビシリーズ『コンバット』のスケールをやや大きくした感じで、大スターになる前のスティー

『地獄の戦線』——左が本人役で出演したオーディ・マーフィ

ヴ・マックイーンの演技が印象に残る佳作。さすがドン・シーゲル監督作だけに、テレビドラマとさして変わらない筋立てを最後まで面白く見せる。

同種の歩兵たちの戦いをドラマ化したものでは、ウィリアム・ウェルマン監督の『戦場』(49)が、テレビ放映等で観る機会も多く代表作といえよう。そして同系譜につながるのが、六〇年代のテレビ映画『コンバット』や『ギャラント・メン』。ずっと年代が下って、スティーブン・スピルバーグ制作の『バンド・オブ・ブラザース』やそのヒットを受けて制作された太平洋戦線が舞台の『ザ・パシフィック』というテレビミニシリーズが日本でも放映されているが、今ではプラトーンものと言えば、こちらの方を指すのが一般的である。『バンド・オブ・ブラザース』誕生のきっかけとなったスピルバーグ監督の映画『プライベート・ライアン』も同ジャンルに含めるのは言うまでもない。

リー・マーヴィン主演の『最前線物語』(80)も同系列の一本。本作は監督サミュエル・フラーの第二次大戦での戦闘体験が反映されているのに留意すべきである。フラー監督は、本人自身がノルマンディー上陸作戦時、オマハ海岸の死闘をはじめ、多くの激戦を潜り抜けてきた歴戦の勇士だけに、彼の制作した戦争映画(『陽動作戦』『鬼軍曹ザック』(51)、『折れた銃剣』(51・日本未公開)等)は出来の良し悪しを別にして、他の同ジャンル作品とは一味違う。

また俳優リー・マーヴィンも第二次大戦の生き残り兵士にふさわしく、プロローグで取り上げた日本未公開作品『八人の鉄人』をはじめ、『攻撃』『太平洋の地獄』『特攻大作戦』とふてぶてしい面構えの軍人役で高い評価を得ている。かつて戦争映画は西部劇と並ぶハリウッドアクションの人気ジャンルだった。リー・マーヴィンはアクション派の役者だったから、無論西部劇にもたびたび顔を出し、ジョン・フォード監督の『リバティ・バランスを射った男』(60)では、題名の無法者を演じているほど。当時はまだ脇役に過ぎなかったが、西部劇『プロフェッショナル』(65)の頃になると、バート・ランカスターやロバート・ライアン等の先輩スターと同格のあつかいをうけるまで出世する。

大作戦の中のプラトーンの戦い

ヨーロッパ戦線を舞台にしたプラトーンものに、イギリス映画『第一空挺兵団』(56)という、戦争直後につくられたドキュメンタリータッチの作品がある。この映画は、第二次大戦末期、進撃を続ける連合軍が思わぬ敗北を期した「マーケットガーデン作戦」を、イギリス軍部隊の側から描いたもので、兵士役を実際に作戦に参加した元兵士たちが演じた異色作。公式記録、目撃者の証言に基づいているため、作戦の正確な経過を知る上では役にたつが、残念ながら出来が良くない。イギリス軍の教材用に製作されたせいか、戦後すぐ作られた同じドキュメンタリータッチの対独レジスタンス映画『鉄路の闘い』と比べると格段に質が落ちる。これら英仏の作品は、同時期イタリアで大きな潮流となったネオ・リアリズムと撮影手法をはじめ作風が類似しているから映画史上なんらかの関連があるのではないか。

「マーケットガーデン作戦」は、一九七〇年代に『遠すぎた橋』というタイトルでスケールアップして映画化されているが、前述した『第一空挺兵団』と同じく、同作戦に参加した兵士たちの戦闘の一つ一つがドラマ化されていた。つまり、マクロ的に見れば、大きな作戦だが、ミクロの視点に立てば、歩兵たちの戦いになるわけで、例えば、ウィリアム・ウェルマン監督の『戦場』に、第二次大戦中、ドイツ軍最後の大反攻作戦＝バルジの戦いも出てくる。が、中心はあくまでアメリカ軍一小隊の戦地での生活をドラマ化しているから、『戦場』は典型的なプラトーンもの。『史上最大の作戦』は既に説明したように、いくつもの戦争映画が合体した作品。したがって、オック岬やセント・メール・エグリーズの戦闘を、それぞれ一本の独立した作品と見れば、プラトーンものといってもおかしくはない。その点面白いのは、スパイク・リー監督がイタリアでの黒人歩兵部隊の戦いを映画化した『セントアンナの奇跡』（08）の導入部に、『史上最大の作戦』のワンシーンが映し出されたことである。セント・メール・エグリーズに侵攻した空挺部隊の映像を、テレビで観ている年老いた元黒人兵の姿がいきなり画面に現れ観客はビックリする。空挺部隊指揮官に扮したジョン・ウェインの雄姿がブラウン管に大写しになる。『セントアンナの奇跡』の冒頭は、本作がイタリア戦線で戦った黒人兵のサバイバル劇であるのを暗示している。

『G・I・ジョウ』から『ギャラント・メン』へ

ヨーロッパ戦線で戦った兵隊たちのドラマをテレビシリーズ化した『コンバット』や『バンド・オブ・ブラザース』には、ノルマンディー上陸作戦の話があり、そのうち『コンバット』には、Dデイのエピソードを除いて、歴史上知られた戦いは出てこないが、『バンド・オブ・ブラザース』の方は、それ以外マーケットガーデン作戦やバルジの戦い等の戦闘も登場し、より歴史事実に近いつくりとなっていた。そのマーケットガーデン作戦のエピソードで、本物のイギリス戦車クロムウェルが、M4シャーマンに交じって二台ほど画面に姿を見せるのにはさすがに驚いた。クロムウェル巡航戦車は、戦後すぐの作品（『侵入者を追って』〔53〕等）に登場したことはあっても、近年の戦争映画では全く見かけなかったからである。『バンド・オブ・ブラザース』には同エピソードだけでなく、当時使用されていた本物の戦車や装甲車がいくつも映し出されるので、是非じっくりとご覧頂きたい。

六〇年代のテレビシリーズ『ギャラント・メン』は、イタリア戦線が舞台だが、このシリーズにはオリジナル版とも呼ぶべき劇場映画が存在する。ロバート・ミッチャムの出世作『G・I・ジョウ』〔45〕がそれで、他のプラトーンものと異なるのは、歩兵部隊と行動を共にした実在の従軍記者アーニー・パイル（バージェス・メレディス）の視点を通して、兵士たちの生と死をドラマ化している。この勇敢な従軍記者は、沖縄戦の際日本兵に狙撃され戦死しているため、我が国を占領したアメリカ軍は、日比谷の東京宝塚劇場を接収した際に、彼の名誉を称えアーニー・パイル劇場と命名した。占領期、東京で過ごした日本人にとって懐かしい名称なのではないか。テレビの『ギャラント・メン』では、パイルは、コンリー・ライト（ロバート・マッキーニ）という仮名となっていた。そのため、リアルタイムで同番組を観ていた時は、まさか沖縄戦で亡くなったアメリカの従軍記者が、モデルとは思わなかった。映画『G・I・ジョウ』を今観ると、他の戦時中作品と違い勇ましい戦闘場面より、歩兵たちの疲れ切った様子や歩き続ける描写に重点が置かれているように感じる。そのあたりは、日本の戦時中作品『土と兵隊』（39）に近い。他のアメリカ映画では、ウイリアム・ウェルマン監督の『激戦地』（46）がやや似ているのではないか。いわゆる戦意高揚作品にならなかったのは、第二次大戦終了間際に制作されていたことも関係があるだろう。そんな作風が、後のテレビシリーズ『ギャラント・メン』に引き継がれているのをここでは心に留めておいてもらいたい。

戦争コメディ

グレン・フォード主演『偽将軍』（58）も、ヨーロッパ戦線を舞台とした戦争映画

『地上最大の脱出作戦』――トンプソンを構えるのがジェームズ・コバーン

だが、こちらは喜劇。それで思い出すのが、同ジャンルで名高いブレーク・エドワーズ監督の『地上最大の脱出作戦』（66）である。邦題が『史上最大の作戦』もどきとなっているが、これも純然たるスラップスティック・コメディ。原題を直訳すれば、『パパ戦争で何してたの？』となるから、ブレーク・エドワーズ監督の一連の喜劇『ピンク・パンサー』シリーズとさしてかわらず、ドタバタとナンセンスな映像の洪水で笑わせる。

同監督は六〇年代末に『パーティ』（68）という、ハリウッド映画界を皮肉った軽妙洒脱な喜劇をつくっている。大手映画会社の社長宅で催されたパーティを、手違いで招待された無名のインド人俳優（ピーター・セラーズ）がメチャクチャにするお話。会場の雰囲気が盛り上がり始めた頃、社長の娘がヴェトナム反戦デモに参加した後、十名ほどのデモ参加者を引き連れ社長宅にやって来る。それがパーティ大混乱の引き金となってしまう。同時期の『地上最大の脱出作戦』も第二次大戦を舞台にしながら、実は、アメリカ政府によるヴェトナムへの軍事介入を皮肉っていたのではないか。今思い返すと、そんな気がしてならない。

また、これら以外にもコメディタッチの作品はいくつもある。古くは、チャップリンの『担え銃』（18）からハワード・ホークス監督の『ヨーク軍曹』（40）、ジョン・フォード監督の『栄光何するものぞ』（52）等をへて、イタリア製B級戦争映画『地上最笑の作戦』（62）にいたる。以上は第一次大戦が舞台。第二次大戦ものでは、ゲーリー・クーパー主演『駆潜艇ＰＣ－１１６８』（51・日本未公開）、チャールトン・ヘストン主演『ローマを占領した鳩』（62）、ヘンリー・フォンダ主演『ミスタア・ロバーツ』（55）それに潜水艦もの『ペティコート作戦』、加えて、一連の脱走映画『大脱走』『第十七捕虜収容所』『脱走大作戦』『牝牛と兵隊』等もコメディタッチのシーンがふんだんに登場する。テレビシリーズ『００１２捕虜収容所』にいたっては、お笑いショーといった方が適当だろう。

ナチスを笑い飛ばす

とりわけ、ナチスドイツを笑い飛ばす戦争ものが、数多く制作されている点に注目したい。なぜ喜劇なのか。ナチスによる残虐非道な犯罪行為を、生々しく映像化するのは表現上も難しく、（一九六八年まで残虐シーンはプロダクション・コード〔映画倫理規定〕によって厳しく規制されていた）、また興行的にも成功する可能性が少なかったからではないか。記録映画では、私の少年時代『13階段への道』（57）、『我が闘争』（60）等が、ショッキングな映像を売り物にしていたのを映画館で観た予告編等で思い出すが、一九五〇年代〜六〇年代の劇映画となると、やはりナチスのホロコーストをあつかったものはわずかしかない。

Dデイを目前にひかえ、アメリカとドイツのスパイ情報戦を描いた『36時間』で、エヴァ・マリー・セイント扮するユダヤ人女性が、収容所でのナチスの残虐性を語るところがわずかに出てくるが、当時としては珍しい（フラッシュバックを使った残虐映像は出てこない）。シドニー・ルメット監督の『質屋』（64）は、アウシュビッツ収容所の回想シーンが、白日夢のごとく登場する徹底的にシリアスな作品だった。そのため、ルメット大ファンの私でも、あまりに重苦しいので、観かえす気が起きなかったほど。映画制作の時代と接近している残虐な事件を取り上げる場合、リアルに映像化するのはマイナス効果が伴う。へたをすると感情過多となって、冷静さを失う恐れが生ずる。喜劇風にソフィスケイトすれば、客観性を保ちながら、問題の本質に迫ることができるわけだ。

しかし、ホロコーストを公然と映像化するようになってからつくられた、ユダヤ人収容所を題材とした映画『ライフ・イズ・ビューティフル』(96)は、コメディ風のスパイスをきかせているわりに、全体的に生々しい描写が目立ち観るのが苦痛だった。そう考えると、かつてナチスを笑いものにした戦争映画を制作したのは、なかなかの卓見だったといえよう。戦時中のエルンスト・ルビッチ作品『生きるべきか死ぬべきか』は、戦後の戦争コメディの大先輩格にあたるが、年代から言えば、戦意高揚かレジスタンスのジャンルに加えるべきかもしれない。本作と並びナチスを笑いとばしているのが、ご存知『チャップリンの独裁者』(41)。この名作喜劇は、ヒトラーが独裁権力を確立した時期に制作が始まっている。もし二本の戦争喜劇がナチスの姿をもっとリアルにスクリーンに映し出していれば、暗く重たいドラマになっていたことは間違いない。

一方、一九八三年になって、『生きるべきか死ぬべきか』を、メル・ブルックスがリメイクした『メル・ブルックスの大脱走』（83）は、オリジナル版の精神がすっぽり抜け落ちた典型的な失敗作。作品の面白さは、制作された時代と深く結びついている。普遍性をもった映画は、時を超えて人々を魅了するが、それはある時代の本質を的確に映し出していなければならない。それゆえ、過去にどれほど人々を引き付けた題材でも、制作された状況との関わりや問題意識と切り離されたものは失敗する可能性が高い。

『チャップリンの独裁者』が今でも新鮮に感じられるのは、作品が時代の本質を正確に捉えているからである。ナチスと似たような独裁国家や全体主義勢力が台頭している現在、チャップリンが独裁者やその追随者たちを痛烈に批判した功績は、今こそ想起される必要があろう。中国や北朝鮮の独裁権力のプロパガンダや情報操作、またそれらに同調する国際的潮流（韓国の文在寅政権等）や日本国内の親北朝鮮・中国の追従勢力（与党内の中国派や野党、マスコミの多数派）の現状を見ると、ナチスドイツを筆頭に、当時大きな力を持っていたアメリカ国内の親ナチス勢力やヒトラーに宥和的な態度をとったイギリスやフランスの姿が二重写しになってくる。そう考えると、チャップリンが笑い飛ばした勢力は、再び息を吹き返しているといわねばならない。

砂漠の戦い

さて、ドイツ軍と連合軍との戦いは、アフリカでも繰り広げられた。まず思い浮かぶのは、『砂漠の鼠』（53）、『砂漠の鬼将軍』（51）。ロンメル将軍に扮した名優ジェイムス・メイスンが印象に残っている。古い映画を観ていると思わぬ俳優に遭遇するものだが、『ドライビング・ミス・デイジー』（89）で晩年になってからアカデミー主演女優賞を獲得したジェシカ・タンディが、ロンメル将軍の妻役を演じているのにはビックリ。彼女がヒッチコック監督の『鳥』（63）に出演したのは知っているが、こんなに古くから名のある女優さんだとは思わなかった。不思議なもので、彼女は若い時より年をとってからの方が断然輝いて見える。誰でも一生のうちには旬の時があるというが、それは人によってつくづく異なっていると言わざるをえない。ジェシカ・タンディは珍しい大器晩成型の女優さんである。

その他、砂漠を舞台とした戦争ものと言えば、ハンフリー・ボガート主演の『サハラ戦車隊』（43）をあげるべきだろう。私は小学生の時、この作品を近所の映画館で初めて観た。サハラ砂漠の戦場で、ドイツ軍に包囲された十人ほどの連合軍兵士たちが、渇きのために疲弊したドイツ軍大部隊を心理戦で追いつめ、ついには部隊まるごと捕虜にしてしまう痛快戦争アクション。制作年はなんと第二次大戦中の一九四三年。

『サハラ戦車隊』――M3中戦車の車長を演じたハンフリー・ボガート（中央）

そういえばビリー・ワイルダー監督の『熱砂の秘密』（43）も、同年につくられたアフリカ戦線を舞台とした一級のサスペンスミステリだが、これも実際の激戦が続いている最中に撮影された。

戦時中にこれほどのエンタテインメントを制作してしまうのだから、アメリカという国は大した余裕である。同じ年に製作されたイギリス映画『砂漠の九人』（43・日本未公開）は、イギリス軍の将兵が砂漠でイタリア軍と戦う話で、戦車は活躍しないがちょっと『サハラ戦車隊』に似ている。

小学生時代にテレビ名画座（フジテレビ）で観たクルト・ユルゲンス主演の『にがい勝利』（57）も砂漠での戦いを背

景としていた。クルト・ユルゲンスが灼熱の地を歩き続ける光景は、戦争映画ではないが、サスペンスミステリの傑作『眼には眼を』とイメージがオーバーラップするのだが、両作品ともテレビ名画座で、同時期に観たからだろう。『にがい勝利』は、さすがニコラス・レイ監督というだけあって、見ごたえはあったが、不条理な復讐劇『眼には眼を』とダブってしまうせいか、暗いイメージが残っている。同じく小学生の時に観た『ザーレンからの脱出』(61)は、戦争映画というのは微妙だが、暑い夏の盛り、冷房のきいたロードショー館(築地の松竹セントラル)で観たこともあって、中東の砂漠を舞台にした戦闘シーンが脳裏に焼き付いている。今日のように家庭にクーラーがまだない時代、映画館はいち早く冷房が完備していた。

砂漠の戦闘が見せ場の戦争アクションといえば、『トブルク戦線』(66)をまずあげるべきだろう。ロック・ハドソン演じる英軍将校の指揮する特殊部隊が、密かにサハラ砂漠を縦断してドイツ軍のトブルク要塞に奇襲攻撃をかける。秘密作戦には、SIGなるドイツ系ユダヤ人が変装したニセドイツ軍部隊が加わり、ドラマのサスペンス性を高める仕掛けとなっていた。映画評論家の増渕健が、著書『B級映画フィルムの裏まで』(平凡社)で同作品を詳しく分析しているのだが、『トブルク戦線』のアクションシーンは、後のリチャード・バートン主演の『ロンメル軍団を叩け』(70)でやたらと流用されている。他の作品を使いまわすのは、製作費節約のためかつてはよく見かけたが、なんともしらける編集方法といえよう。ジャック・スマイト監督の海洋戦争大作『ミッドウェイ』は、実写フィルムと他の劇場映画（日本の東宝映画等）を数多く使いまわしていたので興ざめした。実写フィルムに頼らない『史上最大の作戦』のようなスペクタクル大作を期待していたので、なおさら失望感が大きかったわけである。

テレビシリーズでも、珍しく第二次大戦時の砂漠を舞台とした『ラット・パトロール』が、テレビ戦争映画『コンバット』『ギャラント・メン』『頭上の敵機』『ジェリコ』『全艦発進せよ』『特攻ギャリソンゴリラ』『ブルーライト作戦』、それに例の収容所コメディ『0012捕虜収容所』と並び、一九六〇年代に制作・放映された。アフリカの砂漠地帯で、重機関銃を装備した二台のジープを縦横に乗り回し、ドイツ軍と戦う四人の連合軍兵士の物語。テレビ放映エピソードを編集した映画版が『要塞攻略戦』(68) のタイトルで劇場公開されている。

最後に、第一次大戦を背景とした傑作を一本紹介し、同系統の戦争映画のしめくくりとしたい。デヴィッド・リーン監督の『アラビアのロレンス』(62)。砂漠をこれほど雄大に美しくスクリーンに映し出した映画は類例がなく、ロレンスに扮したピーター・オトゥールの名演をモーリス・ジャールのテーマ曲と共に、忘れることができない。「実際のロレンスは映画と違う」「アラブの歴史を正しく描いていない」といった映画芸術無理解派のレベルの低い批評に惑わされず、若い世代は観るべきだ。作品の性格上、できればスクリーンで鑑賞してほしい。

要塞攻略冒険アクション

さて、ヨーロッパ戦線に目を転じると、『トブルク戦線』と似たような要塞攻略ものが、かなりあることに気づく。同ジャンルは、冒険アクションの『ナバロンの要塞』が原型。その続編は一九七〇年代末になってから制作された『ナバロンの嵐』(78)。主演はロバート・ショウでスターになる前のハリソン・フォードがメインキャストに加わっている。が、監督のガイ・ハミルトンの演出は新味がなく、要塞攻略のプロットをうまく生かしきれていない。むしろ『ナバロンの要塞』の精神を受け継いだのは『荒鷲の要塞』『特攻大作戦』『クロスボー作戦』(65)、『テレマークの要塞』(65)で、いずれも連合軍側の特殊部隊ないしスパイがドイツ軍支配地域に潜入し、難攻不落の要塞や基地を破壊する冒険アクションだった。

リー・マーヴィン主演の『特攻大作戦』はノルマンディー上陸作戦前夜、ドイツ軍

『アラビアのロレンス』——ピーター・オトゥール（右）とアンソニー・クイン

将校の大量殺害の命令を受けた十二名の米軍兵士の英雄譚。原題が『汚れた十二人』というように、全員が軍刑務所に服役中の凶悪犯。強者ぞろいの部隊という面などは『ナバロンの要塞』によく似ている。本作も『バルジ大作戦』と同じくテアトル東京で観た。出演者は、リー・マーヴィンを筆頭にチャールズ・ブロンソン、ジム・ブラウン、テリー・サバラス等、当時のアクション派スターが勢揃いしているとはいえ、ドラマのほとんどは兵士達の訓練シーン中心のいわゆる軍隊もので、後の『ハートブレイク・クリッジ／勝利の戦場』（86）、『タイガーランド』（89）、『G I ジェーン』（97）等にプロットは近い。ラスト、敵地に乗り込むサスペンスとアクションが、要塞攻略映画として抜群の迫力で見せる。テレビシリーズ『特攻ギャリソンゴリラ』が、『特攻大作戦』の影響で生まれたのはご存知だろう。当時札付きの不良分子や囚人の活躍する戦争アクションが、いくつも制作された。

アンドリュー・V・マクラグレン監督の『コマンド戦略』（67）も、『特攻大作戦』のヒットを受け制作されたのだろうが、監督が巨匠ジョン・フォードの愛弟子というためか、全体のイメージがどことなく西部劇ぽい。落ちこぼれのアメリカ兵とカナダ軍の精鋭兵士をお互い競い合わせて、優秀な混成部隊をつくり上げていく過程を描いているため、あたかも往年の騎兵隊映画みたいだが、実はモデルとなった実際の部隊が存在する。クライマックスの山岳地帯での奇襲攻撃は軍事史に残る作戦という。同種の軍隊ものは、ジョン・フォード監督の騎兵隊映画三部作をはじめ、サム・ペキンパーが脚本を書いた『栄光の野郎ども』（65）等あげだしたらきりがない。騎兵隊映画がしばしば戦争映画と同一視されるのは、戦闘場面もさることながら、兵隊たちが一人前に成長していく過程が軍隊映画と重なるからだ。

一九六〇年代後半、ハリウッド製西部劇がマカロニウエスタンブームに押され、衰退しつつあった状況を振り返れば、『コマンド戦略』が西部劇のように見える事情も納得できよう。マクラグレン監督は本音をいえば、戦争映画より西部劇を製作したかったのではないか。本来は『スタンピード』(64)、『シェナンドー河』(65)、『マクリントック』(66)等、ジョン・フォード風な秀作西部劇を手がけてきたフィルムメーカーだが、この頃から戦争や他のアクション映画づくりに方向を修正し始めた。

残念ながら晩年は、演出の衰えを感じさせ、なんとかマクラグレンらしさを保っていたのは『シーウルフ』(78)が最後かもしれない。この戦争アクションはリタイアした年配の軍人たちが、ドイツの輸送船を奇襲攻撃する話で、やはり西部劇を思わせる。年輩の俳優たちが主役を演じているのは、同時期の老ガンマンが活躍する『昼下がりの決闘』(65)、『ワイルドバンチ』(67)、『ラストシューティスト』(68)、『勇気ある追跡』(68)とダブって見えるが、似たようなアクションものがやたらとつくられたのは、かつてのスターたちが現実に年老いたからで、戦争映画と西部劇が衰退しつつあるハリウッドの二大ジャンルの証でもあった。

それでは、このあたりで要塞攻略ものに話題を戻そう。『クロスボー作戦』はＶ２ロケットの生産工場を破壊するために、ナチスドイツの支配地域に潜入した連合軍側スパイたちの物語。同ドラマはＶ１・Ｖ２ロケットを写した航空写真を分析する冒頭の展開が象徴するごとく、後にキューバ危機を描いて話題となった『13デイズ』(00)とも共通するミサイル戦を題材としていた。地対地ミサイルを本格的に映像化した最初の映画。当時『渚にて』『博士の異常な愛情』(64)等、核戦争危機作品は既につくられていたが、地対地ミサイル戦を直接扱ったものは『クロスボー作戦』の他は、イギリス映画『V1号作戦』(59)があるだけで、それ以外の同系譜の作品をあげるとすれば、バート・ランカスター主演の『合衆国最後の日』(77)くらいだが、それはずっと後の話。しかも本作は、本来核戦争映画のジャンルに含めるべきものである。

似たような戦争秘話が、一九六五年制作の『テレマークの要塞』だ。この作品はドイツの原爆製造用重水工場破壊作戦の映画化で、登場人物をはじめ実際のモデルが存在している。興味深いのは、同年の『クロスボー作戦』と合わせテーマを一つに絞れば、二〇〇〇年になって制作された『13デイズ』と同じ核ミサイル映画となるわけだが、当時の日本人には思いもよらない発想かもしれない。が、キューバミサイル危機が起こったのは一九六二年十月。二本の戦争映画が制作されたのは六四年と六五年だから同事件との関連は十分考えられる。第二次大戦という時代設定で、米ソ冷戦下での核兵器使用やミサイル戦争をあえて問題にしたのではないか。だとすれば、その先

『クロスボー作戦』――ドイツのロケット兵器開発阻止を図るスパイの戦い

駆性は再評価に値しよう。西部劇の名作を数多く手がけた監督のアンソニー・マンはゆっくりとしたテンポ、きめ細かい演出によって『テレマークの要塞』を重量感に満ちた戦争ドラマに仕上げた。

B級戦争アクション

『侵略戦線』(64)は、公開当時、横長の珍しい形の宣伝広告が新聞に掲載されていたのを思い出すが、監督がなんとSF・ホラー等の際物で知られるロジャー・コーマン。今でこそジャック・ニコルソンやフランシス・コッポラを育てた人物とやたら持ち上げられるが、当時彼の評価は今と全く違い、B級作品の監督として軽視されていた。しかも製作会社がコーマン監督の『原子怪獣と裸女』（56）等B級フィルムで世に知られるAIPだった。

そんなわけで、出演者の顔ぶれからしていかにも二流といった感じがする。主演のスチュワート・グレンジャーだけは一流スターと言ってもよいが、それ以外はビッグネームの俳優を含め、どう見ても寄せ集めとしかいいようがない。まず往年の子役スターミッキー・ルーニーも、既に第一線から退いたただの中年おじさん。ちょっと言い過ぎかな。同じ頃、テレビ映画『コンバット』にゲスト出演していたのを思い出す。旬はとっくに過ぎたとはいえ、もう一人スター扱いできるのがイタリア出身の俳優ラフ・バローネ。その他悪役で知られるヘンリー・シルヴァ、一九五〇年代のわき役俳優ウィリアム・キャンベルやテレビ出身のエド・ヴァーンズが出演したりして、B級映画ファンにとって実に嬉しい面々の共演作だった。

ところで、この種のB級戦争映画には懐かしい思い出がいっぱいある。トニー・フランシオサ主演の『魚雷特急』（68）などはその極め付け。ドラマは特急どころか、魚雷を大勢でかついで陸上をノロノロと歩いていくお話。配給会社もよくこんなふざけたタイトルをつけたものだ。イギリス戦記映画のところで既に書いた『鉄海岸総攻撃』も典型的なB級戦争アクション。そのため両作品ともロードショー抜きで、最初から二本立てで公開されている。『魚雷特急』は一九六八年九月七日より『スパルタカス』と併映で、『鉄海岸総攻撃』は同年十月五日よりスチュワート・グレンジャー主演の『大強盗団』(67)と併映で公開。一本だけでは観客を集めることができなかった。

変わり種は、『ブルーライト作戦』(66)。この戦争スパイ映画は、テレビシリーズを劇場用に編集したもので、タイトルからもわかるようにプロットは、『クロスボー作戦』に酷似。クライマックスのナチ秘密工場爆破シーンでは、確か同作品の一部を使いまわしていたのではないか。しばらくして、『ブルーライト作戦』のロバート・グーレが同じく主役を演じた『地下組織』(70)という戦争映画が劇場公開されているが、こちらは見逃してしまった。それ以外で要塞攻略ものをあげるとすれば、『掠奪戦線』(70)。本作では往年の二枚目スター、スチュアート・ホイットマンが、老体に鞭打って出演しているが、もはや過去の同ジャンルとはくらべものにならないお粗末な代物。『オフサイド7』(79)のころともなると、この種の作品はほとんど姿を消す。例の『ナバロンの嵐』が前年につくられているからこれが最後といえるかもしれない。『オフサイド7』はアクションがやたら出てくるわりに、印象に残らないのは、主演のロジャー・ムーアがジェームズ・ボンドのように見えて、戦争映画という気がしなかったせいである。(ロジャー・ムーアは『007』シリーズの三代目ボンド役)。なお、クエンティン・タランティーノ監督の『イングロリアス・バスターズ』(09)に影響を与えた『地獄のバスターズ』(78・日本未公開)は、同時期の要塞攻略ものでマカロニ戦争アクションだが、ここであえて詳述するまでもない。

航空戦争映画の古典──『暁の出撃』

空軍が主役の『633爆撃隊』(64)、『モスキート爆撃隊』(69)、『ツッペリン』(70)なども要塞攻略アクションの系統に属するが、このタイプの航空戦争映画は古くから存在する。かなり時代をさかのぼるが、『暁の出撃』(55)は批評家にも高い評価を受けた名作。イギリス空軍の爆撃隊がルール地方三ヵ所のダムを破壊し、そのため流れ出した大量の水で、河下の工業地帯を壊滅する奇襲作戦の映画化。ダムを爆撃するシーンは、特撮技術が未熟だったこともあって迫力に欠けるが、敵地に乗り込んだ爆撃隊の描写はジリジリとサスペンスが高まっていく。本作もモデルとなった現実の軍事作戦があって、戦争秘話ものである。

航空戦争映画の古典として知られているためか、タイトルだけはご存知の人も多く、私も小学生の時にテレビで観た。タイトルは同じだが七〇年につくられた『暁の出

『633爆撃隊』——モスキート爆撃機操縦席のクリフ・ロバートソン（右）

撃』（70）は、ジュリー・アンドリュースが女スパイに扮した第一次大戦を背景としたミュージカルコメディで、全くの別物だから間違えないように。実は、敵地に侵入し、目標の基地や都市を破壊する話は、既に解説した潜水艦映画『デスティネイション・トーキョー』をはじめ日本を空から爆撃するアメリカの戦意高揚作品『ボンバー・ライダー』（43・日本未公開）、『東京上空三十秒』（44）等、戦時中から数多く制作されて来た。同ジャンルのルーツは意外と古い。

それでは、『暁の出撃』を取り上げたのを機に、空軍が主役の戦争映画を振り返ってみよう。私が少年時代に観た『第七機動部隊』『太平洋作戦』『荒鷲の翼』は、いずれも日本軍とアメリカ軍の戦いを背景としたハリウッド映画、実写フィルムを多用しているため、アクションの映像に不満だった話は既にふれた。それならB級かもしれないが、朝鮮戦争が舞台の『108急降下爆撃戦隊』(54)や『USタイガー攻撃隊』(55)の方が迫力もあって、実写フィルムが少なく、しかも撃ち落される戦闘機がゼロ戦や隼でなかったのでずっと見やすかった。が、同じ朝鮮戦争映画『トコリの橋』(54)は、ミニチュアモデルを使った爆撃のくだりが稚拙で、アクション部分は落第点をつけざるを得ない。第二次大戦中のアメリカ空軍の戦いを描いた『頭上の敵機』(49)は、人気男優グレゴリー・ペック主演のおかげで有名だが、空中戦は実写シーンが多く、厭戦ムードの強い心理ドラマだった。

戦意高揚空軍映画

その他、ハワード・ホークス監督の『空軍』(43・日本未公開)をはじめ、アメリカが第二次大戦に参戦する以前の作品等、空軍を扱った映画は少なくない。中国の抗日戦争に参加したアメリカ軍人の物語『フライング・タイガー』(41・日本未公開)や同系統の『空軍極秘作戦』(45・日本未公開)等近年、同種の戦意高揚ものがいくつもD

VD化され、その数の多さに驚かされる。以上に挙げたのは第二次大戦ないし米軍人が日中戦争に参加した姿を描いているが、ハリウッドはそれ以外にも空軍が活躍する航空映画をいくつも制作している。ロバート・テイラー主演の『大編隊』(40)、エロール・フリン主演の『急降下爆撃隊』(41・日本未公開)などは飛行訓練が見せ場で戦闘場面は出てこない。それもそのはず、両作品が制作された時、アメリカはまだ第二次大戦に参戦していなかった。『急降下爆撃隊』の制作は真珠湾攻撃をうける直前、しかも導入部はハワイ沖の米海軍の訓練から始まるから、そのシーンは日米開戦史上貴重なフィルム資料ともなっている。

また爆撃隊が急降下を行なう際、飛行士たちが失神するのをどうしたら防ぐことができるか。自身の危険をも顧みず、問題解決に取り組んだ海軍医官たちを主人公としたものだから、後の航空機開発をテーマとした『超音ジェット機』(52)、『ジェット・パイロット』(57)等の先駆け。ずっと後の宇宙飛行士のドラマ『ライトスタッフ』(83)や月面に初めて降り立ったアームストロングを主人公にした近作『ファーストマン』(18)も同じ流れに属し、同種の映画を観ると、宇宙や航空機の開発・研究が戦争と直結していることがよくわかる。

爆撃機と戦闘機

さて、ヨーロッパ戦線を舞台とした空軍ものでは、『空軍大戦略』(69)が有名。本作は、イギリス映画界がハリウッドの大作『史上最大の作戦』に対抗し、その空中戦版のつもりで制作したのだろうが、『007ゴールドフィンガー』(64)の監督ガイ・ハミルトンの演出は例によって型通りで、金をかけた割に盛り上がりに欠ける凡作だった。

同じ空軍の戦いを描いたものなら、『メンフィス・ベル』(90)の方が映像・内容共に優れ、搭乗員に扮した俳優たちの演技もはるかに良かった。『メンフィス・ベル』は、実在したB－17爆撃機の英雄伝、一九四四年のドキュメンタリー映画がベースとなっている。戦時中、この実写フィルムを撮影したのが、若き日のウィリアム・ワイラーだった(『ローマの休日』(59)で知られるハリウッド映画界の巨匠)。またスピルバーグ監督が似たような物語を、三十分たらずのファンタジーとしてテレビ映画化したのをご存知だろうか。タイトルは『最後のミッション』。ロバート・ゼメギス監督らと制作したテレビシリーズの劇場版『世にも不思議なアメイジング・ストーリー』(86)の中に入っている。空中戦シーンが『メンフィス・ベル』とよく似ているので、記憶がダブってしまう。

『メンフィス・ベル』――25回の出撃を達成した「メンフィス・ベル」号

スピルバーグは、同空中戦シーンにヒントを得たのか、後にテレビシリーズ『バンド・オブ・ブラザース』のDデイを扱ったエピソードで、迫力満点の空の戦闘アクション（アメリカの兵員輸送機C‐47が対空砲火を浴びるシーン）を映像化している。テレビ映画とは思えないリアルな映像だったので、初めて観た時には驚嘆した。しかも、同エピソードがテレビ放映される前に、大型のスクリーンで観る機会に恵まれたので、なおさらそのアクションに圧倒されたわけである。

核戦争の章でも取り上げる『博士の異常な愛情』は、B‐52の搭乗員たちの機内でのやりとりがやはりドラマの核となっていた。空軍を主人公とした話は、爆撃機を舞台にすると、集団劇となって映画化しやすいようだ。前述した『頭上の敵機』をはじめスティーヴ・マックイーン主演の『戦う翼』(62)、要塞攻略もので取り上げた『東京上空三十秒』『暁の出撃』も全て爆撃機内部での搭乗員たち相互のやり取りが見せ場になっている。戦時中の戦意高揚作品『空軍』もB-17の飛行士たちが主役の人間ドラマだった。

一方戦闘機もので有名なのは、ロック・ハドソンの『大空の凱歌』(56)、アラン・ラッドの『マッコーネル物語』(55)、ロバート・ミッチャムの『追撃機』(58)、いずれも朝鮮戦争で活躍したパイロットの物語。そういえば、少年時代に観た『108急降下爆撃戦隊』や『USタイガー攻撃隊』も朝鮮戦争を舞台とした戦闘機映画だった。以上のように、日本で公開されたハリウッドの戦闘機ものは太平洋戦線を舞台としたものは意外とすくない。戦闘機もので思い出深いのは、本書の冒頭で取り上げた『撃墜王アフリカの星』という西ドイツ映画。既に書いたように劇場で観た最初の戦争映画で、第二次大戦中イギリス空軍機を百五十機も撃墜したドイツ空軍将校の英雄譚である。主題曲アフリカの星のボレロが実に印象的だった。

本作は戦後間もなく(一九五七年)の戦争映画にもかかわらず、大戦中のドイツ空軍将校の英雄譚である点に注目すべきだろう。イタリアでも第二次大戦後すぐ、航空機ものではないけれど、イタリア海軍特殊部隊の活躍を描いた『人間魚雷』（53）という海洋戦争アクションがつくられた。このイタリア製戦争映画は、例のテレビ名画座で観た記憶があるので、記録を調べてみると、一九六四年一月二日に正月の特別番組として放映されている。当時としては、水中撮影のレベルが高く、敵地の湾内に侵入するシーンが迫力満点だった。

往年の戦闘機映画

次に、ＤＶＤ化のおかげで手軽に鑑賞できるようになった往年の戦闘機映画を紹介しよう。これらは日本で公開されたものも含め、これまではタイトル名さえ知らなかった作品も多い。第二次大戦下の地中海、英国海軍とナチスドイツとの戦いを描いた『艦隊航空隊』（41・日本未公開）、タイロン・パワー主演の『英空軍のアメリカ人』（41・日本未公開）はいずれもアメリカが参戦する前、イギリス空軍に入隊したアメリカ人の英雄物語。既に取り上げた『フライング・タイガー』『空軍極秘作戦』等の中国大陸での戦いを背景としたものや、『大編隊』『急降下爆撃隊』等の戦闘場面の出てこない作品も全て戦闘機映画だ。第二次大戦中、米空軍将校の回想を映画化したスターリング・ヘイドン主演の『戦闘機攻撃』（53）は、珍しくイタリア戦線での話だが、戦闘機シーンは最初だけでほとんど出てこない。
さらに古い年代の第一次大戦を舞台としたものがいくつもDVD化されている。若き日のケーリー・グラント主演『鷲と鷹』(33)やハワード・ホークス監督の『今日限りの命』(33)。エロール・フリン主演の『突撃爆撃隊』(38・日本未公開)は複葉機の派手な空中戦が見せ場の作品。本物の複葉機が所狭しと暴れまわるわけだから、『ブルー・マックス』(65)で複葉機の空中戦シーンを中学生の時、初めて観た私にとっては新鮮な感じがした(複葉機が地上にいるアラブ人を攻撃するシーンは小学生の時『アラビアのロレンス』で既に観ていた)。一九五〇年代〜六〇年代の映画ファンにとって、戦闘機が出てくる戦争ものといえば、F-86セイバーやミグ等のジェット機かゼロ戦、グラマン、スピットファイア、メッサーシュミット等の一枚翼の戦闘機に決まっていた。

戦後日本には生まれなかったヒーローもの

ところで『撃墜王アフリカの星』や『人間魚雷』は、戦時中の『加藤隼戦闘隊』(41)に代表されるヒーローものに全体の雰囲気がやや似ているが、このようなタイプの作品は、戦後同時期の日本では製作されていない。我が国の映画界は戦後、反戦や厭戦を描く方向に一変してしまった。なにしろ、戦時中は戦意高揚フィルムをせっせと制作していた同じスタッフ・キャストが、いきなり戦争反対を主張しだすのだから胡散臭い。戦後反戦や反軍映画を数多く手がけた今井正や山本薩夫にしても、戦時中『怒りの海』(42)、『翼の凱歌』(42)、『望楼の決死隊』(43)等の好戦ものを何本も世に送り出している。中でも今井正の『怒りの海』は、戦後同監督が制作した『ひめゆりの塔』(52)や『また逢う日まで』(50)とは正反対の軍国主義を鼓舞する戦意高揚映画。しかもかなり過激な軍国主義賛美を内容としていた。

黒澤明が戦争協力のために制作した『一番美しく』(44)と比べるとその違いは歴然としている。『一番美しく』は、軍需工場で働く若い女性たちの日常生活や、彼女たちの繊細な心の動きをヒューマンなタッチで映像化し、戦後につくられたといっても分からないほど穏やかなつくりだった。それ以外も、田坂具隆監督の『海軍』(43)や木下恵介監督の『陸軍』(44)が、戦意高揚とは言い切れない内容を含んでいたのは有名な話。そんなせいか、『海軍』(63)は、東映が一九六三年に早くもリメイク版を製作している。

無論、時代状況が異なるのだから、戦争協力した過去をとやかく言う気は毛頭ないが、今井監督の場合、戦中と戦後での落差が大き過ぎはしまいか。その背景に、GH

Q(連合軍総司令部)の映画への統制や思想教育があり、同監督だけのせいとはいえないにしても、同時代の日本人監督や西ドイツやイタリアの戦後映画と比べて、戦中戦後の落差があまりに極端といえよう。イタリアでは、反ファシズムの映画界の流れ(ネオ・リアリズム作品)があり、こちらは戦前・戦中・戦後の立場は一貫している。当然わが国の「反戦・平和」映画のような不自然さはない。

日本の戦争映画の構図

次にわが国の戦争アクションについて書く。日本映画の場合、時代により大きな違いがあることを、好戦から反戦へという流れでみてきたが、全てが断絶してしまったわけではなく、共通する面や過去の作風・技術が継承されている部分も多い。前述した『加藤隼戦闘隊』、また同じ東宝の『ハワイ・マレー沖海戦』(42)は、いずれも戦時下でつくられ、その創作のノウハウは戦後もずっと継承されて来た。代表的なものとしては、戦闘アクションの特撮技術があげられる。戦後の東宝映画『太平洋の翼』等のミニチュアシーンは、戦時中からの特撮技術をより発展・進化させたもので、基本は戦時中に完成していた。五〇年代から始まるゴジラなど怪獣映画の特撮もそうだ。『ハワイ・マレー沖海戦』の真珠湾攻撃映像を観れば一目瞭然。私は、八〇年代末、

「加藤隼戦闘隊〈東宝 DVD 名作セレクション〉」
DVD 発売中／¥2,500 ＋税
発売・販売元：東宝 ©TOHO CO., LTD.
＊ 2020 年 8 月の情報です。

川崎市内にあった映画館で初めて同作品を観たのだが、ミニチュア撮影のレベルが予想以上に高いのに驚いた。戦後の東宝戦争アクションは、本物の軍用機が登場しない分、戦前の同ジャンル作品に迫力負けしている。

戦後の東宝には、岡本喜八監督の『独立愚連隊』（59）、『独立愚連隊西へ』（60）、『どぶ鼠作戦』（62）のように、中国戦線を舞台とした一連の戦争アクションがある（同シリーズの『やま猫作戦』（62）、『のら犬作戦』（63）、『蟻地獄作戦』（64）は谷口千吉、福田純、坪島孝とそれぞれ監督が異なる）。だがこれらの戦争ものは、同時期に量産されているギャング映画や時代劇とさほど変わらない。舞台設定がたまたま中国戦線とされた活劇といったところではないか。事実、同時期の岡本喜八の東宝時代劇『戦国野郎』（63）は、出演俳優たちだけでなく全体の雰囲気が、『独立愚連隊』とよく似ている。同監督はしばらくして『日本のいちばん長い日』（67）で、反戦的メッセージを提示するようになるが、『独立愚連隊』の頃は冒険活劇づくりに徹していた。ただし、前述した戦争アクションと似たような配役で制作された谷口千吉監督の『独立機関銃隊未だ射撃中』（63）は、日本軍のトーチカ内を舞台とした典型的なシチュエーションドラマで、独自なタイプの戦争映画というべきだろう。

岡本作品の変化は、一九六〇年代末のヴェトナム反戦運動に象徴される反体制運動の高揚と密接に結びついている。そのため、六八年に制作された『肉弾』（68）は反戦テーマを全面に押し出しているが、同監督作品の中で必ずしも会心の出来とはいえない。前衛的で観念的な反戦メッセージが今観ると違和感を覚えるからだ。同時期のフランスヌーベルバーグ派には、似たような反戦や社会主義革命をテーマとした前衛的作品がいくつもある。代表的なものは、ジャンリック・ゴダール監督の『中国女』（69）と『東風』（69）。フランスの左翼運動内で毛沢東主義の影響が強まった時期に制作されたものだが、これなどは今観るといかにも古臭く、時代認識のズレの大きさに愕然とするほど。当時中国の文化大革命は、人類史上画期的な大変革と言われ、我が国の進歩派知識人なども絶賛していた。ある思想の熱狂下で生まれた作品が、普遍的な価値を持つことの難しさを教える典型的な例といえよう。

他方、『独立愚連隊』に登場する日本の遊撃隊員がコテンパンにやっつける中国軍は、あたかもハリウッド製西部劇のインディアン（アメリカ先住民）のごとくである。同時期に小林正樹監督が『人間の条件』を世に送り出し、日本人の中国大陸における戦争責任を取り上げていたから、岡本監督の戦争観は無自覚的で無反省のように思えるが、戦後に頭角を現してきた監督としては、むしろ自然体であった。当時、このような戦争アクションは、「反戦・平和」映画が大勢を占めていた時代ゆえに反動的とさえ評され、岡本作品に対しても同じような批判がされていた覚えがある。が、新東宝映画『明治天皇と日露大戦争』（57）のような政治的意図をもった映画に向けられたならまだし

「独立愚連隊〈東宝 DVD 名作セレクション〉」
DVD 発売中／¥2,500+ 税
発売・販売元：東宝 ©1959 TOHO CO.,LTD
＊ 2020 年 8 月の情報です。

も、日本軍国主義を批判しないアクション作品を、反動好戦映画と決めつける当時の風潮は明らかに間違っていた。

それに敗戦後の「反戦・平和」映画のほとんどは、他国への侵略に対する深い自己反省の結果生まれたのではなく、背後にGHQの政治的思惑が強烈に働いていた。日本人が自らの意思で反戦映画を描けるようになるまでには、長い時間の経過が必要だったわけで、岡本作品をその角度から観なおすと納得がいく。現時点で判断するならば、岡本喜八の試行錯誤は正当な道筋だったといえよう。少なくとも、敗戦とともに「自己批判」を完了し、「反戦平和」派に豹変した人たちより、はるかに誠実だったのは確かだ。岡本監督は、『独立愚連隊』シリーズの延長線上に『血と砂』(65)という戦争映画をつくり反戦メッセージを盛り込もうと苦闘し始め、その結果商業主義と決別して生み出されたのが、前述したATGの『肉弾』である。

ヤクザと兵隊

この時期には東宝だけでなく大映が『兵隊やくざ』(65)と『陸軍中野学校』(66)という戦争映画を制作し、ともにシリーズ化しているのでそのことにふれておく。『兵隊やくざ』は、タイトルにあるように、どちらかというとヤクザ映画に近い。多分、東映任侠路線の始まりに触発されて企画されたものだろう。いわば異色ヤクザものといっていいが、大映スター勝新太郎の人気シリーズとなった。皮肉なのは、後に東映が同人気にあやかり制作した（『兵隊極道』〈68〉『ごろつき部隊』〈69〉）が、どれも二番せんじのワクを出るものでなく、興行的にも『兵隊やくざ』に遠く及ばなかった事実である。

『兵隊やくざ』は第一作からシリーズ最後の『新兵隊やくざ・火線』（72）（この作品だけは勝プロが製作し、東宝が配給した）までの時期は、東映任侠路線の初期作品『日本侠客伝』（64）シリーズとピッタリと重なっている。なにしろ同シリーズの最終回『日本侠客伝・刃』（71）は、『新兵隊やくざ・火線』の前年に制作・公開されているほど。『兵隊やくざ』より少し遅れてスタートした藤純子主演の『緋牡丹博徒』シリーズの最終回は、一九七二年である。

大映は同時期に勝新太郎の『座頭市』と市川雷蔵の『眠狂四郎』という二大シリーズを大ヒットさせ、時代劇の方に力点を置いていた。ヤクザものは、『悪名』『兵隊やくざ』『若親分』と江波杏子主演の『女賭博師』等だが、東映ヤクザ作品の中にしばしば見られるラディカルな反体制的ムードをもった作品は生まれなかった。大映には加藤泰や深作欣二タイプのアナーキーな感覚を持った演出家がいなかったからでもあるが、基本的には両映画会社の性格の違いによるものだろう。『兵隊やくざ』は、田村高廣扮するインテリの上等兵と、勝新太郎扮するけんかがめっぽう強い一等兵のコンビが、日本帝国陸軍内部で暴れまわる痛快娯楽アクション。つまり、大東亜戦争に対する歴史認識を云々するようなものでなく、かつて東宝が制作した伴淳・アチャコの喜劇『二等兵物語』シリーズと『悪名』シリーズを足して2で割った作品といった雰囲気。

もっとも、山本薩夫が『真空地帯』(52)、小林正樹が『人間の条件』を制作した後だから、帝国陸軍内務班での暴力描写は相当どぎつく、古参兵による初年兵いじめシーンがふんだんに出てくる。だが、『兵隊やくざ』では、それが旧日本帝国陸軍の非人間性を告発するためのものではなく、任侠映画にしばしばみられる、悪いヤクザが市民をいじめるプロットの代わりに扱われているだけなのだ。それゆえ、いじめられていた初年兵側に味方して、勝新太郎が憎々し気な古参兵たちをめちゃくちゃにやっつけてしまうお決まりの結末で終わる。そんな荒唐無稽な物語が続いていくのだが、まあ、やくざ映画として観れば楽しめる。原作は有馬頼義の同名小説で、実際のモデル(複数人)がいる。現実の戦闘では、軍隊で階級が上でも度胸のないヤツは役にたたない。そこで勝新太郎演じる大宮一等兵のような男が大活躍するわけである。テレビシリーズ『コンバット』のサンダース軍曹のように勇猛果敢な軍人が、戦場では信頼されるのはどの国でも変わらない。有馬頼義の原作では、それがヤクザという設定になっていたところが、時代の風潮にうまくマッチしていた。

また同時代、東映が製作した『あゝ予科練』(68)と比べれば、はるかに日本軍をリアルに再現している。当時、アイドル歌手だった西郷輝彦が特攻隊員を演じたこの航空戦争映画は、空々しい特攻隊賛美のイメージしか残っていない。特攻隊員をやたらカッコよく映し出そうとしている魂胆が透けて見え、不快になったほどである。二〇一五年に大ヒットした『永遠の0』と比べるとその違いが明確。東宝が『三丁目の夕日』シリーズの山崎貴監督と、同作品のスタッフ(白組)と再び組んで制作したこの戦争スペクタクル大作は、『あゝ予科練』のように軍歌によって勇ましく見せるあざといシーンはまったくない。むしろ特攻隊の最後をVFX技術等駆使し、同攻撃作戦の悲劇性を前面に押し出すことによって、戦死した隊員たちの青春群像を浮き彫りにしていく。作品の性格からすると家城巳代治監督、鶴田浩二主演の『雲流るる果てに』(53)に近いが、同作品のように特攻を命じる上官をことさら悪人として誇張するような描き方や、隊員たちの戦いを軍国主義一色に塗りつぶすことはしていない。既に述べたように『雲ながるる果てに』が製作された時代はGHQの民生局による日本軍国主義批判等の政治指導が、権力的に行なわれていた占領期直後。日本の主権が他国に奪われていた異常な時代の名残が、まだ濃厚に漂っていた。

一九六〇年代末～七〇年代始めにかけての東映戦争映画をリアルタイムで観たのは、前述した『あゝ予科練』とそれ以外は『日本暗殺秘録』(69)くらいだが、近年『あゝ同期の桜』(67)、『人間魚雷／あゝ回天特別攻撃隊』(68)『最後の特攻隊』(70)、『あゝ決戦航空隊』(74)等をテレビやDVDで鑑賞する機会があった。これらの作品は、東映が任侠路線をとっていた時期で、鶴田浩二、高倉健、菅原文太らヤクザ映画のスターたちが軍人に扮しているためか、どうしても任侠ものに見える。おまけに脇役の軍人たちも梅宮辰夫・金子信雄等東映同路線で有名になった俳優ばかりだから、益々ヤクザ映画ムード全開となってしまう。それは、日活で製作された戦争もの(『人間魚雷出撃す』(56)、『零戦黒雲一家』(63)、『あゝひめゆりの塔』(68)等)が、石原裕次郎や吉永小百合のイメージのおかげで、青春ドラマ的性格が濃厚になるのとよく似ている。面白いのは、高倉健が東映をやめ独立してから主演した『八甲田山』(76)は、演出を担当したのが黒澤映画の助監督としても知られた森谷司郎、しかも東宝作品だったので高倉健もバリバリの軍人に見えるから不思議である。まあ、映画会社のカラーに俳優が染まってしまうのは仕方がない。

陸軍中野サラリーマン学校

さて、『兵隊やくざ』と並び、大映がシリーズ化したもう一つの戦争もの『陸軍中野学校』について書こう。シリーズ第一作では、冒頭中野学校が陸軍内に密かに創設される。主人公の陸軍少尉（市川雷蔵）が婚約者（小川真由美）と母親を実家に残したまま、中野学校の一員となるため突然行方不明に。本作は、陸軍将校としての日常がまっとうな生活で、中野学校のメンバーになることが、闇の生活という設定になっている。合法的な仕事から地下活動＝スパイ活動に移ったという筋立だが、陸軍少尉として生きることを、一九六〇年代半ばのサラリーマンの生活になぞらえているあたりが、なかなか面白い。それゆえ、実家には優しい母親とちょっとモダンな婚約者がいるといった具合。つまり、大企業に勤めるエリートサラリーマンが、お国のためにスパイになるお話といってよいのではないか。

かつて、映画評論家の岩崎昶が、『映画の前説』（合同出版）で黒澤作品『椿三十郎』(62)を巧みに分析したように、映画は製作された時代そのものを映し出している。椿三十郎の後を金魚の糞みたいに付きまとう九人の若侍らが、黒っぽい背広を身にまとい「画一的な約束ごとの中でしか自分の行動をとれなくなっている」六〇年代初期のサラリーマンの姿であるごとく雷蔵扮する陸軍中尉も高度成長期真っただ中のサラリーマンの典型的タイプなのだ。唯一つ異なっているのは、少尉がスパイという闇の生活を送らねばならなくなること。その点が承知できれば、『陸軍中野学校』に出てくる将校たちが六〇年代のサラリーマンのように見えるのもなるほどと思う。時代は戦時中になっているが、六〇年代の現代劇として観た方が分かりやすい。

大映は本作の前に、田宮二郎主演の『黒の試走車』(62)という産業スパイ映画を製作、以後産業スパイやサラリーマンを主人公とした「黒のシリーズ」は、最後の作品『黒の超特急』(64)まで計十本つくられ、「黒のシリーズ」終了から二年後「陸軍中野学校」シリーズがスタートする。以上の経過や内容の類似性を見れば、両シリーズが姉妹関係にあるのは明らかといえよう。

戦争スパイ映画――「36時間」のトリック

しかし、スパイ映画といえば、アメリカやイギリスの方が大先輩である。戦争スパイものでは、アルフレッド・ヒッチコック作品がすぐ思い出されるが、同監督のイギリス時代作品『三十九夜』(35)、『間諜最後の日』(36)、そしてアメリカへ渡ってからの『海外特派員』(40)、『逃走迷路』(42)、『汚名』(46)は全てスパイもの。作品に出てくる敵は一応ナチスという設定だが、ヒッチコックにとっては、思想や政治的立場の違いなどさして興味はなかったように見える。そのため、描かれているのがナチスなのかどうかもはっきりせず、いつの時代にも通用する単なる敵の諜報員に過ぎない。

この姿勢は、第二次世界大戦後も変わらず、キューバが舞台の『トパーズ』(69)では、敵は共産主義者であってもなくても、いっこうにかまわないといった調子なのだ。その分、同時期の監督たちの戦意高揚ものと比べ政治的性格は弱い。例外として『引き裂かれたカーテン』(66)だけは、東ドイツの秘密警察や東側スパイ組織の悪辣さをあからさまに映し出している。米ソ冷戦の構図も取り上げているあたりなど、ヒッチコックとしては異色。それ以外では第二次大戦時中の『海外特派員』『救命艇』(44)が比較的政治色が出た方といえるかもしれない。

同大戦を背景としたスパイ映画といえば、ジョージ・シートン監督の『36時間』(64)が、まず頭に思い浮かぶ。ノルマンディー上陸を目前にひかえたある晩、アメリカ軍情報部のパイク少佐(ジェームズ・ガーナー)が、中立国ポルトガルのリスボンで、ナチのスパイ組織に突然拉致される。少佐は睡眠薬を飲まされ意識を失ったまま飛行機でドイツへ運ばれ、たどり着いたところがどうゆうわけかアメリカ陸軍病院。

ナチに拉致されたはずの少佐が、いつのまにかアメリカ軍の救急車に乗せられているので、一瞬おかしいなと思うが、途中でドイツ軍のサイドカーやトラックとすれ違うので、勘のいい人は直ぐ合点がいく。これはパイク少佐を騙すための一大トリックなのだと。

救急車が到着したニセのアメリカ陸軍病院内では、いかにもアメリカ人風な医師や看護婦たちが勢ぞろいしている。さっそく全員ニセモノであることを、これまたニセのアメリカ軍医（ロッド・テイラー）が種明かししてくれるので、観ている側はこれから何が始まろうとしているのか、おおよそ見当がつくというわけだ。意識を失っているパイク少佐の身体に様々な細工が施されていく。しばらくして目を覚ました少佐は、これまで自分は六年間も眠り続け、現在いるところが敗戦国ドイツに建設された本物のアメリカ陸軍病院だと完全に信じてしまう。さらに、失った六年間の記憶を取り戻す治療を受けている最中だと知らされ驚くが、疑おうとはしない。ついにパイク少佐は、ニセ軍医の誘導に従って、極秘事項であるノルマンディー上陸作戦の海岸名を教えてしまうのだが。その後、ドラマは二転、三転していきスパイミステリの醍醐味を堪能させてくれる。とりわけ小道具のあつかいがヒッチコック並に優れ、一九六〇年代末に大ヒットしたテレビシリーズ『スパイ大作戦』が、この戦争ミステリから

『36時間』――看護婦役のエヴァ・マリー・セイント（中央）とニセ米兵たち

多大な影響を受けているのは疑いない。

なお既に第二次大戦中にアメリカで制作された『恐怖の訊問』(44) には、捕虜となった米軍将兵が、ドイツ軍の巧妙な手口により、機密情報を漏らしてしまう過程が描かれていた。本作は米軍の教育・訓練用につくられたというので、『36時間』に出てくる騙しのテクニックの大元のルーツをたどれば、現実のドイツ軍による情報収集工作に行きあたる。

スパイドラマの要素を持った戦争映画

その他にも第二次大戦のスパイを主人公とした純然たる戦争スパイものは、戦時中の戦意高揚作品『スパイは暗躍する』(39)、『スパイ』(39・日本未公開)、『ミュンヘン夜行列車』(40)や戦後の『特殊工作員オデット』(50・日本未公開)、『暁前の決断』(51)等古い作品はけっこうあるが、六〇年代以降の戦争映画では意外と少ないことに気づく。例えば『荒鷲の要塞』は主役のリチャード・バートンが英国情報部員であるのをはじめ、共演のクリント・イーストウッドもアメリカの情報部員だから、スパイ映画のジャンルに加えてもいいはずだが、一般には戦争アクションとみなされている。『クロスボー作戦』も英国情報部員たちの物語。『ナバロンの要塞』だって、ナチスに操られた女スパイが暗躍するし、『バルジ大作戦』にもタイ・ハーディンらのニセMPが、敗走する米軍を混乱に陥れる。それなら『トブルク戦線』にも、ドイツ側に寝返ったイギリス人スパイが出てくるではないか。というようにスパイドラマの要素をもった戦争映画をあげ出したらキリがない。

ただし、これらは、スパイものと言えるほど情報戦に焦点があてられてはいない。この時代純然たる戦争スパイ映画といえば、『トリプルクロス』(66)をあげることができるが、本作は六〇年代前半の『007』シリーズのヒットに便乗して製作された戦争スパイ映画。しかも監督が『007／危機一発』(63)のテレンス・ヤングのせいか、第二次大戦の時代背景をうまく生かすことができず、なんだか現代劇のようだった。一九九〇年代初期につくられた『嵐の中で輝いて』（92）は久しぶりの戦争スパイもの。が、あくまでラブロマンスが中心で、こちらは情報戦を描いた面白さはほとんど感じられない。ブラッド・ピット主演の『マリアンヌ』（16）は似たような男女の恋愛を中心とした第二次大戦のドラマだが、情報戦が巧みに描けている分、ラブロマンスも盛り上がりを見せた。ともかく同種の作品は、スパイ相互の戦いがミステリアスかつ詳細に描写されている必要があろう。

本来なら『偽の売国奴』（62）を筆頭に挙げるべきなのかもしれない。スウェーデンの国籍を取得したアメリカの実業家（ウイリアム・ホールデン）が、情報部員となってナチスドイツに潜入する物語。私はこの戦争スパイ映画を小学四年生の時、近所の映画館で観ている。が、当時は情報戦の複雑な展開がよくわからなくて印象は鮮明とはいえ、会話シーンが多く暗いイメージだけが記憶に残った。ドンパチの戦闘アクションを期待していた幼い私には、作品の面白さが十分理解できなかったといえよう。

一九六〇年代のテレビシリーズの劇場版『ブルーライト作戦』も戦争スパイのジャンルに含まれるが、劇場公開版よりもテレビシリーズの方が、情報戦の面白さが出ていたような気がする。本作も『００７』やテレビ映画『００１１／ナポレオンソロ』

等六〇年代同ジャンルブームの波に乗って生みだされた。
アメリカがナチスドイツと戦争する直前の話だから、正確には戦争映画とは言えないが、『ヒンデンブルグ』(75)は、謎の爆発事故を起こしたドイツの巨大飛行船ヒンデンブルグ号を舞台にした情報戦ドラマ。当時はパニック映画ブームだったので、『ポセイドン・アドベンチャー』と同じ、パニック映画の一本として公開された。二〇一一年にドイツでテレビ映画『ヒンデンブルグ第三帝国の陰謀』(11)が製作され、その劇場版が我が国でも公開されている。こちらは百八十分のテレビ版を百十分に短縮したせいか、題材のわりにインパクトが弱く退屈な作品だった。戦争映画がほとんどつくられなくなった一九八〇年代の『針の眼』(81)は原作が有名なスパイ小説だが、主演のドナルド・サザーランドのイメージしか残っていない。やや古いが名作を最後に一本紹介し、同ジャンルの締めくくりとする。第二次大戦中、トルコのイギリス大使館員が、ナチスドイツに情報を売っていた実話をモデルにした『五本の指』(52)は、本格スパイドラマの傑作といえよう。

戦争アクション・エトセトラ

さて、戦争アクションは数限りなくあるので、もうこのあたりで打ち止めにする。

最後に紹介できなかっためぼしい作品について、簡単なコメントを記して同章を終えたい。まず派手なアクションを期待して、わざわざロードショー館（日比谷映画劇場）まで出かけて裏切られた感の強い『奇襲戦隊』（67）。冒頭、ドイツ軍がヨーロッパを支配していく様が、同地域の地図上にナチのカギ十字が徐々に拡大していくことでシンボライズされ、ワクワクさせるが戦闘シーンが迫力に欠けガックリ。当時は監督のコスタ＝ガヴラスが何者であるか全く知らなかった。しばらくして、同監督の傑作『Z』（69）が公開され、パンフレットに『奇襲戦隊』が作品リストにあげられていたので、なぜコスタ＝ガヴラスは、さほど迫力があるわけでもなく、政治性も薄いレジスタンス映画をつくったのかいぶかしく思ったものである。

ロック・ハドソン主演の『要塞』（70）も期待外れだった。が、こちらは試写会で観たから損した気分は残っていない。ジャック・パランス主演の『戦闘』（62）は、テレビの『コンバット』の人気絶頂期に日本で公開されタイトルもいいし（コンバットは戦闘を意味する）、『攻撃』のジャック・パランスが出演しているのだから絶対面白いだろうと勇んで映画館へ出かけたが、これも見事に期待を裏切られた。封切りが一九六四年六月、ジョン・フランケンハイマー監督の政治サスペンス『五月の七日間』（63）と二本立てだった。併映が傑作だったのもマイナスに作用したかもしれないが、フィルムの質が悪くとにかく見にくかったのをよく覚えている。調べるとイタリア製と判明、なるほどと思った。当時はマカロニ戦争映画といった名称もなく、イタリア映画の事情に疎かったので勘違いしたのではないか。

そう考えると、テレビで観た『重戦車総攻撃』（66）の方がよっぽど迫力があった。この頃、テレビで相当な数の戦争映画を観ているけれど、全てのタイトル名を正確に思い出すことは出来ない。ハンフリー・ボガートとキャサリン・ヘップバーン共演の『アフリカの女王』（51）やハンス・キルシュト原作の西ドイツ映画『08／15』（55）、『戦線の08／15』（55）、『最後の08／15』（56）をテレビで観たのもやはり同じ頃。リチャード・ウィドマーク主演の『あの高地を取れ』（53）も軍隊映画としてよくできていた印象がある。本作はＤＶＤが販売されたのでさっそく観かえしたが、ほぼ昔の印象どおりだった。

ロードショー公開で観たルイ・ド・フュネスとブール・ヴィル共演の『大進撃』（66）は娯楽アクション大作。当時、この二人はフランス喜劇界でトップスターだったから、戦争映画というよりコメディ大活劇というべきである。ラルフ・ネルソン監督の『誇り高き戦場』（67）は、ドイツ軍の捕虜となった交響楽団員たちの物語。チャールトン・ヘストンの名指揮者ぶりに感心したことを思い出す。『スーパーマン』

（78）、『バットマン』（89）と同じイメージで宣伝していた『ロケッティア』（91）は、ナチのスパイからドイツ軍まで登場するれっきとした戦争アクションだった。
　スティーブン・スピルバーグ監督は、評価の高い『シンドラーのリスト』（93）、『プライベート・ライアン』以前に『1941』（79）、『太陽の帝国』（87）という大東亜戦争を背景とした戦争大作を製作しているが、いずれも水準以下の出来。『1941』は真珠湾攻撃の直後にアメリカ本土で実際に起きた事件をモデルにした戦争喜劇で、スピルバーグ監督のコメディセンスが酷評されたことで知られる。『太陽の帝国』は中国大陸での戦争を背景としたアメリカ少年の物語。原作小説との比較で批判を浴びただけでなく、同監督らしくないモタモタした演出が気になった。本作の功績は、少年役のクリスチャン・ベールを世に送り出したことぐらいだろう。

『ブルー・マックス』『レッド・バロン』（79）、『ガンバス』（86）等は第一次大戦を舞台とした戦闘機ものだが、この種の複葉機が活躍する一九三〇年代の作品については、近年DVD化されているので既に紹介した。ジョージ・ペパード主演の『ブルー・マックス』は暗いイメージのドラマだったが、実物の複葉機が大スクリーン上を存分に飛び回るから、航空機ファンが喜びそうな戦争映画。『ガンバス』はぐっと新しく、ファーストシーンが西部劇のように見えるジャンル不明のアクション。

ジャンルがはっきりしないといえば、『将軍たちの夜』(67)、『軍曹』(68)、『まぼろしの市街戦』(67)、『太平洋の地獄』『大反撃』(69)、『戦略大作戦』(70)、『マーフィの戦い』(71)は、ブームが終末を迎えているだけに、どれも一風変わっている。オーソドックスな作品はあまりつくられなくなっていた。一九六〇年代末から七〇年代にかけて戦争映画の雰囲気がガラリと変貌する。一九三四年から続いて来たプロダクション・コードの規制がなくなり、あからさまな暴力やセックス描写による、暗く陰湿な映像が大勢を占めるようになっていた。アンドレ・ド・トス監督の『大侵略』(68)等の暗いイメージをもったものが目立ってくる。そこへ『戦場のガンマン』(68)、『アルデンヌの戦い』(68)、『砂漠の戦場エル・アラメイン』(68)、『地獄の戦場コマンドス』(68)、『空爆大作戦』(70)等マカロニ戦争映画が加わり、同ジャンルは質量ともに衰退していく。最近、DVDで観た『地獄のノルマンディ』(68・日本未公開)も、同時期のマカロニ戦争映画で、旬をとっくに過ぎた俳優のガイ・マディスンが出演している。マディスン主演のハリウッド西部劇『コマンド』(54)などを劇場で観ていたから、ハンサムな二枚目スターの様変わりした姿にいささか驚いた。

このころには、ロバート・オルドリッチのような実力派の監督でさえ、『燃える戦場』(70)レベルの作品しかつくれなくなっている。これには一九六四年から本格化

『パットン大戦車軍団』――パットン将軍を演じたジョージ・C・スコット

するアメリカのヴェトナムへの軍事介入が暗い影を落としているわけだが、同時期、ハリウッドで抜きんでていたのは、ペキンパー監督の『戦争のはらわた』（77）を除けば、フランクリン・J・シャフナー監督の『パットン大戦車軍団』（70）くらいではないか。同スペクタクル大作は、タイトル名からイメージされる大アクションを期待してはいけない。パットン将軍（ジョージ・C・スコット）という特異な軍人の人間ドラマとして観た時、同作品は輝き始める。ナチズムと戦ったアメリカの好戦主義に自己点検を加えている側面に注目すべきで、そこにはアメリカの正義を自画自賛してきた楽観的な気分はもはや見られない。この時期の迷えるハリウッド製戦争映画は、やがて誕生する一連のヴェトナム戦争映画への橋渡し的役割を担っていることを最後につけ加え、この章の結びとする。

第二章　戦意高揚映画

反ナチ・反ファシズム映画

第二次世界大戦の戦意高揚作品も、国によって特質があり一様ではない。例えばアメリカが製作したウィリアム・ワイラー監督の『ミニヴァー夫人』（42）は、イギリス首相チャーチルをして「この映画が戦時の英国民を救った」と言わしめたほど、イギリス国民の戦意を奮い立たせる一篇だが、敵がナチスドイツなため、枢軸国側の同系統作品とは一線を画している。ハリウッドの娯楽アクション『戦場を駆ける男』（42）はドイツ軍を徹底的に打ち負かした後、「次はジャップ（日本人に対する蔑称）だ」のセリフでハッピーエンドとなる戦意高揚映画であるとともに、スピルバーグの『レイダース失われたアーク〈聖櫃〉』（81）がお手本とした典型的な連続活劇。ドイツ軍に追跡されるくだりでは、『大脱走』が明らかにコピーしたと思われるシーンが出てくる。

『戦場を駆ける男』に限らず、アメリカが戦時中製作した戦争ものには娯楽作品が少なくない。例えば、前章であげた『生きるべきか死ぬべきか』『ヨーク軍曹』『サハラ戦車隊』『熱砂の砂漠』等は、我が国のように、軍人の勇猛果敢さや兵士たちの友情物語を描くだけでなく、アクションをはじめエンタテイメントとしてつくられている。そのため、何を戦意高揚ものとするかは、ハリウッド映画の場合なかなか難しい。当時、ドイツ人や日本人が悪玉として出てくる娯楽作が相当つくられているが、フライシャー兄弟のアニメーション『スーパーマン』にも、憎々しげな面構えの日本兵が大挙して登場する。夜な夜な横須賀港で大暴れするスーパーマンと日本兵たちが戦うエピソードは、アメリカ国民が日本人をどう見ていたかを知るうえで、かっこうの一篇といえよう。

戦時中のヒッチコック監督も既に述べたように、ナチスドイツのスパイが暗躍するお話をいくつも制作し、同監督がイギリスからアメリカへ渡って製作した『海外特派員』のラストシーンは、空襲下のロンドンで主人公のアメリカ人特派員（ジョエル・マックリー）が、ナチスと戦うことをラジオ放送で世界に呼びかける。爆弾の炸裂音・振動が響き渡る中、マイクの前に立つ主人公の声がひときわ大きくなるところでエンドマークとなる。ドイツ空軍がロンドンへの本格的爆撃を開始するのは、一九四〇年八月二十四日。本作のアメリカでの公開が同年八月十六日だから、おそらく映画の完成はロンドン爆撃が始まったばかりで、公開時の観客には映し出されたシーンと、現実との区別がつかなかったにちがいない。リアリズム描写と縁のないヒッチコックは、映画上映と同時進行で行なわれたドイツ空軍の爆撃を前述のように見せることで、ロンドンの悲惨な状況をアメリカ国民に伝えようとしたのではないか。

チャップリン製作・監督・主演の『チャップリンの独裁者』も『海外特派員』と同じ一九四〇年につくられているが、映画の中でヒトラーはヒンケル、ドイツはトメニアと名称が変更され、はっきりと明示されていない。当然、誰が観てもヒトラーと第三帝国を茶かし批判していることはわかる。そのため、戦争が始まる前までは、ナチスドイツだけでなく、イギリスやフランス政府などのヒトラー宥和派やアメリカ国内のナチス支持派による映画製作への妨害工作が執拗に繰り返された。

現代においては、共産党独裁国家の中国（習近平政権）や北朝鮮（金正恩政権）を、陰に陽に支援する日本国内の勢力が丁度ナチス支持派に当たることは既に指摘した通りである。『独裁者』が完成したのは、一九四〇年だから、第二次大戦が始まった翌年。アメリカは、ドイツ軍のポーランド侵攻（一九三九年九月）直後に、ルーズベルト大統領が欧州戦争への不介入を宣言したばかりで、まだドイツとは交戦状態でなかった。そんな時代状況を反映し、『独裁者』と同じ年に公開された『海外特派員』は、ナチスの悪役ぶりが徹底しなかったせいか、ドイツ宣伝大臣ゲッベルスのお気に入りのサスペンススリラーだったという。いつの時代も全体主義国家は、多少の批判ではビクともせず、平然としていられる。『海外特派員』に込めたヒッチコックの祖国にたいする思いなど、第三帝国はまったく意に介さなかった。

ちなみにナチスドイツは、ゲッベルス宣伝相の下、第二次大戦中に反英国のプロパガンダ映画『タイタニック』（43・日本未公開）を製作したが、完成した時にはむしろ沈没のパニックシーンが、ドイツの敗戦をイメージさせるとして、ドイツ国内では上映できず、占領地域で公開された。同作の事実上の監督セルピンは、反ナチ活動で投獄され、刑務所内で自殺を遂げるなど、全体主義の最後は悲劇的である。今日、東アジアで民衆を苦しめている共産主義独裁体制や同体制支持派もいつかは同じような末路を迎えるに違いない。

一九三〇年代、フランス租界内にあった中国映画撮影所で製作された抗日映画は、上映場所が日本占領地域のため、あからさまな抗日の主張を映像化できなかったと映

『チャップリンの独裁者』――チャップリンは独裁者とユダヤ人の床屋の二役

画評論家の佐藤忠男は「日本映画史2」（岩波書店）の中で解説している。当時の抗日映画と同じく、ハリウッドの反ナチ映画も、その時々の政治情勢によって内容の制約を受けていた。近年では、中国共産党と結ぶ中国資本の進出により、莫大なチャイナマネーの恩恵を受けているハリウッド映画が、同国の独裁権力や人権抑圧を批判しなくなっている現状も、同じような文脈で語られるべきだろう。軍事・政治情勢だけでなく経済情勢、財政的な圧力も、作品内容に多大な影響を与えているのを忘れてはならない。

　佐藤忠男は同じ著書で、「上海には中国の主権の及ばないフランスをはじめ諸外国の租界があり、一九四一年十二月八日に日本が太平洋戦争を始めるまで日本軍は租界に手を出すことができなかった。そして中国映画の撮影所がフランス租界内にあったため無事であり、映画も続けられた、租界は周囲を日本軍に囲まれたまま三年余り抗日活動の拠点として活動をつづけ〝孤島〟と呼ばれた」と抗日映画の製作が国際的な政治情勢と密接不可分であったことを説明している。戦意高揚作品の中で、出てくる敵がどのように描写されているかは、敵との政治的な関係と切り離すことができない。ということは、映画の中で敵がどのように描かれているかによって、その対立状況や政治情勢のおおよその見当がつくわけである。

名作『カサブランカ』（42）は、アメリカがドイツに宣戦布告してから製作された。それゆえ、反ナチの主張は明快でよどみがない。舞台がドイツ占領下のモロッコとなっているのは、様々な民族・人種が集う国際社会の縮図というべき場所で、ドラマ展開に都合がよかったからだろう。この映画が最も描きたいのは、ナチの支配下でのアメリカ人リック（ハンフリー・ボガート）の政治的立ち位置の表明にある。アメリカ合衆国は、世界の人々と共に、「自由と民主主義のために、ナチスドイツと戦うだろう」。ラストで、フランス人の警察署長（クロード・レインズ）がヴィシー（親独政権の所在地）産のラベルが張ってあるミネラルウォーターの瓶をくずかごへ捨てるシー

『カサブランカ』——右からボガート、レインズ、バーグマン、ヘンリード

ンが、ドイツに協力するヴィシー政府に対するノンの意思表示であることが、当時の観客にはすぐピンときた。だから監督のマイケル・カーティスは、このシーンに反ナチのメッセージを凝縮させたのである。リックの酒場で、「ラ・マルセイエーズ」を居合わせた客たちが全員で合唱し、ドイツ将校の歌う愛国歌「ラインの守り」を圧倒してしまうくだりも同様。誰が観ても反ナチ映画であることがわかるから『カサブランカ』は絶大な人気を博したわけで、ボガートとバーグマンの甘いラブロマンスも、背景に強烈な反ナチの主張があるからこそ盛り上がる。
　もう一つ大切なことは、『カサブランカ』がレジスタンス映画の性格を合わせもっていたこと。ハリウッドの戦意高揚作品には、敵がナチスドイツである場合、レジスタンス映画に近いものが多く、これらをまとめて反ナチズム映画という区分も可能かもしれない。また『カサブランカ』の焼き直しと言われるハワード・ホークス監督の『脱出』(44)も第二次大戦中につくられているが、こちらは盛り上がりに欠ける凡作だった。

米ソ協力映画

戦時中の『炎のロシア戦線』(42・日本未公開)は、グレゴリー・ペックがソ連の共産ゲリラとなってドイツ軍と戦うレジスタンスもの。これとよく似ているのが、『北極星』(43・日本未公開)。やはりダナ・アンドリュースやアン・バクスター等のハリウッドスターがソ連のゲリラとなってドイツ軍と戦う。本作は子供時代にテレビで観た記憶があるのだが、ゲリラが馬に乗って戦うため、なぜかポーランド軍ゲリラを主人公にした作品だと思い込んでいた。おそらく、第二次大戦中のヨーロッパ戦線を写した記録フィルムの中に、ポーランド軍騎馬隊の映像があったのでそのシーンがオーバーラップして記憶に残ったからではないか。そのためＤＶＤで観かえすまでは、ポーランド映画と勘違いしていた。

他の類似作品では、ゲーリー・クーパーとイングリット・バーグマン共演の『誰がために鐘は鳴る』（43）という大作があるが、本作は文豪スタイン・ベックの原作に基づいている。以上の映画は、第二次大戦中、アメリカが対独戦のためソ連と協力関係にあった時代の産物というべきだ。戦後はソ連に対する戦略が大きく変化し、赤狩りに代表されるようにアメリカは反ソ連・反共産主義の姿勢を強めていく。そのためハリウッドの赤狩りが始まった一九四〇年代末から一九五〇年代にかけて、共産主義者が悪役を演ずる映画が数多く製作された。戦時中、ソ連や共産主義に傾倒したハリウッド映画人は、一転して迫害される立場へ追いやられてしまう。

ナチスドイツに対し、連合軍が協力して戦う作品の系譜は、一九六一年に誕生したケネディ政権時代に復活。前章で詳述した『大脱走』でゲシュタポや親衛隊将校の悪辣さが強調されるのは、戦中の反ナチズム映画の流れを継承したものである。『ナバロンの要塞』で、親衛隊将校の残虐性が顔を出すあたりは、ハリウッドがケネディ政権になって、赤狩り時代のソ連共産主義主敵論を修正し始めている反映ではないか。それゆえ、キューバ危機（一九六二年）後ソ連との平和共存が明確となった時期の『大脱走』では、ソ連兵捕虜が、連合軍の将校たちに協力するシーンがわざわざ冒頭に描かれる。このくだりは、第二次大戦中の米ソ協力を映像化した作品を思い出させる。以上のように、ハリウッド映画に登場する敵や悪役たちは、時代状況の移り変わりによって変遷していく。

その後も『ブラジルから来た少年』(67)、『マラソンマン』(76)、『シンドラーのリスト』そして近年の『ワルキューレ』(08)、『フューリー』にいたるまで、ハリウッドがナチスを悪の代表として描き続けていることは心にとめておくべきで、これは第二次大戦中のアメリカとドイツの戦いだけでなく、ハリウッド映画界がユダヤ人の影響下にある歴史と深い関係がある。

悪玉はコミュニズム

一方、戦後の一時期、悪玉の地位を築いたのが、前述したコミュニズム(共産主義)で、一九四〇年代末から一九五〇年代にかけて『恐怖を売る男たち』(58・日本未公開)のような反共作品がいくつも制作された。が、これらの中で暗躍する共産主義者たちはロバート・ライアン主演の『十三号桟橋』(49)のように、マフィアかギャングの一味に見える場合も多く、『恐怖を売る男たち』にいたっては、時代背景を知らないと怪しげな男たちがいったい何者なのかさえよくわからない。いずれも、共産主義者の実態に迫ったものとはいえないだろう。

『影なき狙撃者』——洗脳された暗殺者を演じたローレンス・ハーベイ

共産主義の脅威を、時代背景を含め、シャープなタッチでえぐり出したのは、キューバ危機の最中に全米で公開された『影なき狙撃者』（62）である。ソ連・中国・北朝鮮が、朝鮮戦争に従軍した米軍人（ローレンス・ハーベイ）を洗脳して、選挙キャンペーン中、アメリカ大統領候補を暗殺させ、ソ連のスパイである副大統領候補を、大統領に昇格就任させようという大陰謀を描いたポリティカル映画の傑作。

物語の中に赤狩りの仕掛け人であるジョゼフ・マッカーシーによく似た保守派政治家（ジェームズ・グレゴリー）が出てくるが、なんとこの人物がソ連の大物スパイで、良心的なリベラル派の政治家に「共産主義者」のレッテルを貼り、アメリカ国内をかく乱していた事実が最後に暴露される（この人物が前述した副大統領候補）。同筋書きによれば、赤狩りを扇動したのはソ連のスパイで、あたかもマッチ・ポンプのごとく、アメリカの世論を誘導したことになる。これは、赤狩りを推進したマッカーシー上院議員が、実はソ連のスパイだったというようなものだ。監督のジョン・フランケンハイマーは、すぐ後に『五月の七日間』を制作し、アメリカ軍部タカ派をやり玉に挙げる現実味あふれる近未来ＳＦポリティカルサスペンスを制作するのだが、『影なき狙撃者』での、現実との乖離や政治的混乱は否定できない（原作はリチャード・コンドンの同名小説）。

赤狩りとマスヒステリーに対するフランケンハイマー監督の解釈は、奇抜で切れ味は鋭いが、共産スパイ潜入の方法などに事実を無視した飛躍が見られる。が、それもやむを得ない。当時は、ソ連のスパイがアメリカ国内に大量に送り込まれ、政府機関の中枢にまで工作の手が及んでいる事実はわかっていなかった。ソ連崩壊によって同国のスパイ組織網の実態が明確となった現在、『影なき狙撃者』を見直すと、実際と異なるとはいえ、ソ連スパイの洗脳方法や工作の手法など共産主義の本質をつく的確な描写にいまさらながら驚ろかされる。中国や北朝鮮によるスパイ工作の現況を詳しく知っている者には、なおさらリアルに感じられるにちがいない。

現在進行中の日本に対する中国・北朝鮮のスパイ工作も、我が国にある同国組織は勿論、国内のリベラル派新聞・テレビ等のマスコミや共産主義革命の夢を捨てきれない学者・政治家・外国籍の人物をはじめ、それにスパイとは一見無関係に見える様々な個人・組織、さらには金権体質の「ハト派」保守政治家まで総動員し、陰に陽に遂行されている。その実態は複雑怪奇、魑魅魍魎がうごめくブラックホールというべきで、まさしく『影なき狙撃者』の世界そのものだ。

二〇一七年二月に起こった北朝鮮の元最高指導者金正日の長男金正男暗殺事件は、改めて共産国の恐ろしさを教えてくれた。またその事件の直後、安倍首相を貶める謀略の数々に、安倍政権を敵視する中国や北朝鮮の工作に気づいた人も多いのではないか。北朝鮮のスパイは大韓航空爆破テロや日本人の拉致問題にみられるごとく、恐るべき犯罪行為を平然とやってのける。戦後平和の中で生きてきた日本人はそのことを肝に銘ずべきである。戦前から大陸、朝鮮半島がテロや謀略の温床だった歴史を思い返すべきだろう。

二十一世紀になって、制作された『グッドナイト・グッドラック』(02)は、リベラル派のジョージ・クルーニー監督・主演の秀作。一九五〇年代のマッカーシー旋風と闘ったテレビマンの物語である。本作には原爆スパイとして死刑となったローゼンバーグ夫妻や、国務省のアルジャー・ヒスについての言及がまったくない。それより十年ほど前につくられた、ロバート・デ・ニーロ主演の『真実の瞬間』(92)には、ローゼンバーグ夫妻が死刑になるラジオ放送のくだりが映し出されている。そこは赤狩りによって犠牲となった科学者夫妻の悲劇といった場面で、アイゼンハワー政権に対する抗議のメッセージがあからさまに示されていた。

ところが、『真実の瞬間』からわずか十年後の『グッドナイト・グッドラック』では、ローゼンバーグ夫妻やアルジャー・ヒスがソ連のスパイであった事実が、完全に証明されてしまったので、彼らはスクリーン上に一切姿を見せない。国を売ったスパイは弁護すべきでないということか。

一方、マッカーシー旋風によって多くの無実の人々が迫害され、人権がないがしろにされたのもまた事実だ。赤狩りの非民主主義的なやり方が、マスヒステリー状況を生み出したことも歴史の教訓とすべきである。監督のジョージ・クルーニーは、新たに判明したソ連スパイ網の実態を再検討したうえで、マッカーシーとの闘いをドラマ化した。映画では、テレビで赤狩りを批判するエド・マローの「共産主義の脅威については教わらずとも承知している」といった発言も再現しているが、その裏には、「わざわざ分かり切ったことをヒステリックに叫ぶマッカーシー議員、君こそいったいったい何者なのだ」という意味を含んでいる。日本のリベラル派マスコミは都合よく解釈しているが、作品の持つ反ソ反共主義の立場は明快である。クルーニー版反赤狩り映画は、『影なき狙撃者』『五月の七日間』の精神を受け継いでいるといえよう。

さらに、これらの流れを継承したポリティカル映画の傑作が公開された。スピルバーグ監督の『ブリッジ・オブ・スパイ』(15)である。本作は、一九五七年、ニューヨークで長年諜報活動をしていたソ連スパイが、FBIに逮捕される場面からスタートする。一九六〇年、こんどはソ連領内でアメリカのスパイ機U－2が撃墜され、搭乗していた飛行士がソ連当局に逮捕される。映画は米ソのスパイ交換の経過を、冷戦期の影に光をあてながら歴史考証を踏まえ再現していく。

一九九一年にソ連が崩壊し、現在はアメリカ合衆国と中華人民共和国が太平洋を挟んで対峙する「新冷戦」の時代へと移行した。が、共産主義の本質は今も昔も変わらない。かつてソ連共産主義体制下で人々はどのように暮らし、また逮捕・拘束されたアメリカの飛行士はどのような目にあったのか。『ブリッジ・オブ・スパイ』は、時に、自戒を含むシーンを挿入し、ユーモアを交えながら冷徹な政治交渉の過程を、サスペンスタッチで映像化していく。そこでなによりも驚かされるのは、スピルバーグ監督が主人公（トム・ハンクス）の口を借りてローゼンバーグ博士を、国を裏切ったソ連のスパイとして厳しく批判する場面だ。日本でもヒットした『トランボ　ハリウッドに最も嫌われた男』(16)にも実は、そのトム・ハンクス発言を思わせるセリフがわずかながら出てくる。

ハリウッドへ流入する莫大なチャイナマネー、アメリカの映画会社（レジェンダリー・ピクチャーズ）を自社の傘下に入れた中国のメディア資本の影響等、ハリウッド映画界が、今後中国共産党の意を受けた映画資本の情報操作や、中国国内の巨大な市場を背景とした政治的圧力に、どう対応していくのか注目すべきといえよう。

戦意高揚的西部劇

ところで、戦争をストレートには扱っていないが、明らかに戦意高揚的雰囲気をもっている作品に、一連のハリウッド製西部劇がある。映画評論家の佐藤忠男は『映画をどう見るか』（講談社新書）の中で、ジョン・フォード監督の『リオ・グランデの砦』(50)について、朝鮮戦争における「タカ派的な警告であったといわざるを得ない」、またサム・ペキンパー監督の『ダンディ少佐』(64)は「ベトナム戦争と無関係とは思えない」と指摘しているが、それは朝鮮戦争やヴェトナム戦争が進行中だった時の作品だけでなく、第二次大戦中の西部劇にもそのまま当てはまる。

バッファロー・ビルの伝説を映画化した『西部の王者』（44）の河を挟んで騎兵隊とインディアンが激突するシーンは、往年の西部劇ファンの間で語り草になっているが、今DVDで観ても、そのアクションは目を見張るほどの躍動感に満ちている。『西部の王者』の制作は一九四四年、日米両国が太平洋上で激戦を繰り返している真最中で、第二次大戦後につくられたジョン・フォード監督の騎兵隊映画と比べても、戦闘シーンの迫力は一枚上手。それは演出の差というより、時代状況の違いによるものではないか。巨匠ジョン・フォードの演出力をもってしても、時代の空気を乗り越えることはできない。

第二次大戦中の『壮烈第七騎兵隊』（41）にも同様なことがいえる。この西部劇は、カスター将軍（エロール・フリン）の最後を描写した定番の騎兵隊映画だが、その後につくられたどのカスター将軍ものより、悲壮感とリアリズムタッチは優っている。例えば、アメリカンニューシネマ『小さな巨人』（69）に出てくるカスターの悪役ぶりは、製作されたヴェトナム反戦運動高揚期と切り離せない。映し出される第七騎兵隊の全滅が、淡々とした印象しか与えないのは、制作側の視点がインディアンサイドにあるからだ。インディアンはヴェトナムの民衆を、騎兵隊はヴェトナムに軍事介入したアメリカ軍を象徴的に表しているため、ニューシネマの旗手アーサー・ペン監督にすれば、騎兵隊の全滅はむしろ好ましいことになる。

一九六七年に制作されたロバート・シオドマク監督の『カスター将軍』(67)はさすがに『小さな巨人』よりは、カスターを英雄扱いしていたが、もはや演じるロバート・ショーには、悲壮感やヒロイズムはほとんど感じられず、また第七騎兵隊の最後を描いた西部劇は他に何本もつくられたが、結局エロール・フリンのカスター将軍を超える作品は生まれなかった。それは『壮烈・第七騎兵隊』が、太平洋戦争が始まってすぐアメリカで一般公開された経過と深い関係がある。映画のラストで、カスターは第七騎兵隊が全滅することを十分承知しながら、インディアンとの決戦に臨む。実際の本人は、全滅するとは思いもよらなかったそうだが、この際歴史事実は関係ない。重要なのは、自分の死を明確に予感しながら、最愛の妻と別れ、戦地におもむく劇中の英雄的行為が、これから遠い戦地に向かう現実のアメリカ将兵の士気を大いに鼓舞することだ。それゆえ、クライマックスのインディアンとの戦闘シーンが、多少映画的迫力に欠けていてもさしてマイナスにはならない。全編になんとも形容しがたい生々しさがあり、あらゆるシーンに硝煙と血の匂いが漂っている。少年時代にリバイバル上映で観た『コレヒドール戦記』を、戦時中の戦意高揚映画と思い込んでいた話は既に述べたが、魚雷艇等実戦の匂いが染みついた兵器や戦地から帰ったばかりの兵士たちが画面に登場したおかげで、勘違いしたのではないか。どこかに戦場の痕跡を感じとったからではないか。

ハリウッドの戦争映画が迫力に富んでいるのは、撮影技術のレベルの高さや、実際の武器を使っているためだけではない。アメリカという国が、第二次大戦後も朝鮮戦争、ヴェトナム戦争、湾岸戦争、アフガン戦争、イラク戦争、そして対テロ戦争と常に戦争や武力紛争を繰り返してきたからである。つまり合衆国の歴史が、戦争映画や戦争を別の形で表現した作品(以前は西部劇、近年では様々なアクションもの)の臨場感を高めて来た。戦後の日本映画でも、戦時中に近い作品ほど戦闘シーンに迫真性があるのも同様。そう考えると、戦後から時代を経るほど我が国の戦争映画が嘘っぽくなっていったのは仕方がない。だが、近年日本の戦争映画にリアルな印象を受けることが多くなった。それは日本を取り巻く状況が、きな臭くなっているためではないか。近作『空母いぶき』(19)は、日本を攻撃してくるのが架空の国家となっているにも関わらず、現在の東アジアの軍事緊張関係を反映して迫力がある。

ハリウッドのコメディ映画『少佐と少女』(42)でさえ、これから戦地に向かう少佐(レイ・ミランド)の心情に何か切羽詰まったものを感じてしまうのは、本作が一九四二年に制作されていることを知れば納得がいく。少佐の話す「遠い国」との戦争とは日本との戦いを意味している。それにしても、真珠湾攻撃の直後にこれほど愉快な喜劇をつくりあげるハリウッド映画の懐の深さには、感服せざるを得ない。

ハリウッドの反日戦意高揚映画

さて、我が国では未公開だが、ビデオ、ＤＶＤ化されているハリウッドの戦意高揚映画の珍品を一本紹介しよう。原題は『BLOOD ON THE SUN』。「血に染まった大日本帝国」とでも訳すのが適当なのだろうが、ＤＶＤタイトルは『東京スパイ大作戦』(45・日本未公開)で、主演はジェームズ・キャグニー。舞台は日米戦争が始まる直前の東京となっているが、とにかくこれがけっさくなのだ。軍服姿の東条英機らしき人物や日本の首相が出てくるが、いずれも日本語を満足に話すことさえできず、多分中国系か他のアジア系アメリカ人なのだろう。それにしてもいいかげんな日本認識だ。例えば、オープンセットでつくられた東京の街並みや建物がまったくのデタラメで、書かれてある日本語もメチャクチャ。天皇陛下のご真影の前でお辞儀する憲兵らしき男たち(警察官のような制服を着ている)など、どこから見ても日本人とは思えない。なにしろ隊長とおぼしき人物は、まるで悪役レスラーといった雰囲気なのだ。私は思わず吹き出してしまった。

本作を最初にビデオで観たのは三十年ほど前だが、当時『デストネイション・トーキョー』のような露骨な反日映画を日本で観る機会は、ほとんどなかったので、『東京スパイ大作戦』は、貴重なサンプルという気がした。それでこのような反日映画が数多く存在するのではないかと思い始めたが、既に観ていた『まんがスーパーマン』に出てくる日本兵が、典型的なアジア人の悪党面だったことも関係があるかもしれない。

しかし、アメリカ滞在中に体験したことの影響が一番大きいのではないか。一九八〇年代初め、私はアメリカのミネソタ州でホームスティしている時に、スティ先の一家と一緒に映画を観に行った。ディズニープロの『THE LAST FLIGHT OF NOAH'S ARK』（80・日本未公開）という冒険映画の中に、南方の島で生き残った二人組の日本兵が出てくるのだが、驚いたのはこの二人がまったくの道化役だったことである。その時、二人の日本兵の愚かさを笑う周囲のアメリカ人たちを見ながら、自分が日本人ということを強く意識せざるを得なかった。本作は、案の定日本では公開されず、ビデオも我が国では販売されなかったので、観た日本人は極めて少ないはずである。この時から、日本人をバカ扱いし、また敵視した作品で、我が国に輸入されていないものが相当あるのではないかと確信するようになった。

その後、DVD化された多くの戦時中の映画を観て予測は見事に的中した。それらの中で、アメリカの日本観を知るうえで大切な映画を紹介する。米軍特殊工作部隊が、ビルマにある日本のレーダー基地を破壊した後、追撃して来る日本軍との戦いを描いたエロール・フリン主演の『決死のビルマ戦線』(45・日本未公開)。監督のラオール・ウォルシュは、戦後ゲーリー・クーパー主演の『遠い太鼓』(51)を製作、筋書きをそのままにして、時代と場所を変え作り直している。新たに設定されたのは西部開拓時代のフロリダで、特殊任務を終えて、脱出を図るアメリカ軍を追撃するのは、現地に住むセミノールインディアン。アメリカ軍が二手に分かれ逃げていく過程や、片方の部隊が残虐なやり方で殺害されてしまう点など戦時中の『決死のビルマ戦線』そっくりといってよい。注目すべきは、セミノール族と日本人とも野蛮人として描写している部分だ。

西部開拓時代のコマンチ族などが、白人を残虐な方法で殺したことはよく知られているが、白人もまたインディアンに対し似た方法で復讐を繰り返した歴史も、今日では明らかになっている。インディアンだけが残虐行為をおこなったという見方は、もはや通用しなくなった。日米戦争の最中制作された西部劇、特に騎兵隊とインディアンの戦いを描いた作品が、アメリカ軍と日本軍の戦闘をアナロジーさせていたことは既に詳述した。『決死のビルマ戦線』『遠い太鼓』はＤＶＤ化され、我が国でも販売されているので是非観比べてみてはどうか。その共通性に驚くだろう。

日本の戦意高揚映画の特徴

ところで日本の戦意高揚作品の方はどうか。アクションの章で取り上げた『加藤隼戦闘隊』や『ハワイ・マレー沖海戦』は、戦闘シーンがふんだん出てくるが、実をいえば戦時中の日本映画は、アクションものはそれほど多くない。そもそも我が国の戦意高揚作品は、敵がはっきりと姿を現わさない特徴があり、『西住戦車長伝』（40）に象徴されるごとく、戦闘場面で敵が見えても画面の脇にちらほら映る程度なのである。中には『進軍の歌』のように中国軍を明確に確認できる場合もあるが、同タイプはむしろ例外。『あの旗を撃て』（44）のように連合軍捕虜を大勢出演させる条件があったものや、『桃太郎／海の神兵』（44）に代表されるアニメーションを除き、敵がはっきりとスクリーン上に映し出されることはなかった。憎々し気な日本兵をやたら登場させるハリウッド映画や中国・韓国映画とは基本的に異なる。『五人の斥候兵』（38）『土と兵隊』（39）のように、兵隊同士の友情やヒューマニズムを克明につづったものが一般的で、勇ましい戦いシーンを描写したものは意外と少ない。『五人の斥候兵』

などは、ずいぶんと穏やかな戦争映画であると感じた。

敗戦色が濃厚になった時期につくられた山本嘉次郎監督の『雷撃隊出動』(44)やオムニバス映画『必勝歌』(45)と比べるとその違いがはっきりする。『必勝歌』のエピソードには、特攻隊で死んだ息子の父親たちが、軍の上官連中に深々と頭を下げ感謝するなんとも残酷なシーンが映し出される。また、出征兵士と見合いをする美しい娘(高峰三枝子)が、見合い相手がすぐ戦地におもむくことを知りながら、結婚を決意する話など、いずれも今の日本人には理解に苦しむ内容ばかりだ。ラストの勇ましい軍歌を背景に戦闘機の飛んでいく映像を観ていると、「一億総玉砕」「本土決戦」を真剣に覚悟していた日本人の姿が目に浮かんでくる。

『五人の斥候兵』が製作された時代は、まだ本隊からはぐれた一兵卒の安否を気づかう余裕があったが、『必勝歌』のころは他人の命を心配するどころではなくなっていた。切羽詰まった心情が、素直な気持ちを押し殺したエピソードに、屈折した形で反映されている。だが、『五人の斥候兵』のヒューマニズムも一皮むけば、『雷撃隊出動』や『必勝歌』の背後にある好戦主義と相通じるものではないか。そこで、描かれたヒューマニズムなるものをもう少し分析してみよう。

『五人の斥候兵』の一シーン。お腹をすかした一人の兵士が、西瓜をいくつも首から

『五人の斥候兵』――中国戦線での兵隊の友情やヒューマニズムを描いた佳作

ぶら下げて、鴨を二羽ひきずりながらヨタヨタと歩いてくる。そこは腹を減らした兵隊の姿を見て、戦友たちがどっと笑う微笑ましい場面になっているのだが、冷静に考えれば不快になって当然かもしれない。その兵隊は、西瓜や鴨をいったいどこからせしめてきたのだろうか。ぶら下げている西瓜に弾丸の跡があるのを戦友が見つけ、その兵隊が中国人に銃で撃たれていたことが分かる。幸い弾は兵隊に当たらず西瓜に命中したというわけだ。これでは西瓜や鴨を中国人から奪い取ってきたことを自ら告白しているようなものではないか。注意深い人であれば、日本兵が西瓜を切る時に使う刃物が、中国人の所持する青竜刀であることに気づく。そう全てが略奪物なのだ。中国の村に民衆の姿が全く見えない異様な風景もさることながら、たった一人の戦友の命を心配する心優しい兵士たちが、平然と中国人から略奪をやってのけるちぐはぐさが際立っている。中国戦線を舞台とした戦時中の日本映画は、日本人をいかにヒューマンに描いても、どこかで不自然さが顔を出す。

また戦意高揚作品特有の不自然さに、軍人たちがやたらと大声で笑う仕草があげられる。当時の日本映画に出てくる人物はよく笑い、『五人の斥候兵』に限らず軍人が屈託なく笑うことも多い。とりわけ印象的なのは『加藤隼戦闘隊』。藤田進演じる加藤隊長は、いつも笑ってばかりいるため、ちょっと目には悩みなど全然ないかのようだ。「あっははは」と高笑いの連発。私などは人が悪いせいか、同タイプの人物を見ていると、「から元気」ということばが頭に浮かんできて、よっぽど内心は暗い気持ちなのだろうと勘ぐってしまう。

映画が映し出した時代のリアル

しかし、戦時中の日本映画にも時代状況をリアルに捉えた作品もあり、また映し出された映像から裏にある真実を読み解くことも可能だ。『土と兵隊』のカメラマンは、兵隊たちと一緒に行軍に参加しているし、てっきり日本で撮影されたと思っていた

『サヨンの鐘』(43) も、台湾でつくられていることを、台湾旅行中、現地の人から直接教えてもらった。そうなると、必然的に本物だけが持つ真実味が生じる。満映作品は大陸で制作されているので、当然戦地の雰囲気を映しだす。戦後の日本映画がどんなに頑張っても、再現することのできない本物の戦場を、スクリーンに投影することになる。同じことは出演俳優にも言えるだろう。

例えば、『加藤隼戦闘隊』を戦後大映がリメイクした『あゝ陸軍／隼戦闘隊』(69) で、佐藤允が演じる加藤隊長は、ほとんど笑顔を見せず深刻な顔つきをしているが、甲高い声で笑ってばかりいる藤田進の凄みには遠く及ばない。俳優の藤田進が実際に戦死したわけではないが、彼の顔にはどことなく死相が浮かんでいるのだ。戦時中の日本映画は、表面上のヒューマニズムや明るさよりも、その背後にある死と恐怖のイメージの方がはるかに強烈なインパクトを戦後世代にあたえる。『壮烈、第七騎兵隊』で詳述したように、映画は制作された時代を否応なく映し出す。

さて、上原謙が憲兵隊長を演じた『開戦の前夜』(43) は、戦時中の作品にもかかわらず娯楽性が高く、中でも女スパイ (田中絹代) を乗せた車が崖の上を走るスリリングなシーンから、クライマックスまでの盛り上がりは、ちょっとしたサスペンス映画といった趣がある。

当時は「憲兵」というだけで、「泣く子も黙る」と恐れられていた。ましてや憲兵隊長ともなれば、その威圧感は相当なものだろう。ところが、その役を演じる上原謙は天下の二枚目、ハンサムで紳士ときては、どうみてもそんなイメージはない。そこで目を引くのが、田中絹代扮する敵側の女スパイが憲兵隊の協力者になるよう強要されるシーン。当初、彼女は上原謙を憲兵隊長とは知らず平気で話しているが、途中で身分を明かされ、急に怯えてビクビクしだす。戦時中の戦意高揚映画でありながら、憲兵に対する一般国民の見方を素直に映像化しているのが面白い。

興味深いのは、アメリカ人の役を日本人が演じているくだり。それほど背の高くない、髪の毛だけウェーブをかけている日本人俳優が、日本語を流暢に話すのだからどうしたってアメリカ人には見えない。私は屋敷の前に星条旗がたなびいているのを目にしながら、当初話し合っている二人の日本人俳優が、アメリカ大使館員役を演じているとはまったく思わなかった。せめて日本語のアクセントを変えて話せばいいのにそれもしない。

滑稽なのは、アメリカ大使館の男たちが、女性に色目を使ういやらしいタイプといった描写である。アメリカ人が軟弱だという見方は、当時の欧米人観で、アニメーション『桃太郎／海の神兵』でも敵の将軍がナヨナヨとした弱い人物に描かれていた。

この場面は、ニュース映画『マレー戦記　第一部　進撃の記録』（42）に出てくる山下将軍とパーシバル将軍の有名なやりとりを下敷きにしている。が、このような当時の欧米人観が偽りだったことを、戦争末期、日本軍は太平洋上の島々で思い知らされる。そう考えると、日本のプロパガンダ映画の罪は重い。

戦時中日本の戦争映画が、敵の姿を明確に映像化しなかったことは既に詳述したが、上原謙主演の『敵機空襲』（43）もその代表的な例で、本格的な東京空襲が始まる以前の話。タイトルは戦意高揚映画のようだが、松竹の小市民ドラマが中心となっているため、空襲シーンはほんのわずかしか出てこないばかりか、敵の姿は全く見えない。

同時期に制作されたハリウッド映画『東京上空三十秒』は東京を初めて爆撃したドーリットル中佐の率いる爆撃隊がモデルとなっている。作家の小林信彦によるとこのドーリットル隊の爆撃を日本側から描いたものが『敵機空襲』だという。なるほど本作のアメリカ軍の爆撃はいかにもお粗末、屋根に焼夷弾が命中しても、煙がちょろちょろ出る程度。東京大空襲の被害など想像もつかなかった日本人の楽観的気分がスクリーンから伝わってくる。一方、『東京上空三十秒』では、低空でB－25爆撃機が東京へ向かう途上、日の丸をマストに掲げた漁船が視界に入って来る。やがて機内からビル街や工場地帯も見えてくるが、よく目を凝らすと日本の建物らしくない。投下された爆弾がさく裂するシーンは、日本映画の戦意高揚作品『ハワイ・マレー沖海戦』等に映し出されるミニチュアセットより上手くできているように感じた。やはり特撮でも、アメリカの方が一枚上手ということか。

私の母親は、実際のドーリットル隊の機影を有楽町にあった東京日日（現毎日）新聞社の屋上で目撃している。空襲のサイレンが珍しく鳴ったので、何事かと思い同僚たちと屋上に上がると、芝浦の方角へ爆撃機が飛んでいくのがはっきり見えたという。当時は爆撃のことなど、誰も知らないので、同僚たちと物珍しく見物したと言うのだ。そんな呑気な雰囲気が映画『敵機空襲』の背景にある。

ドーリットル隊のことは、二〇〇一年に公開されたアクション大作『パールハーバー』（01）や、最新リメイク版『ミッドウェイ』（19）にも詳しく描かれているから、今の若い世代は知っているかもしれない。ハリウッド製アクション作品にもかかわらず、一九四二年四月の東京爆撃が真珠湾攻撃に対する反撃だったことが映画の中で語られ、作戦が実行された意図をちゃんと教えてくれる。

「五族協和」のプロパガンダ

ところで、当時の我が国の戦意高揚作品には、もう一つ重要なタイプの一群が存在

『東京上空三十秒』――ドーリットル隊のB－25爆撃機による東京初空襲を描く

する。「五族協和」のスローガンのもとに建国された満州国や日本統治時代の台湾の姿を、内外に示すプロパガンダ映画である。これらの作品は、満州・台湾をはじめ中国大陸の状況がフィルムに収められているあたりは貴重だが、映画としては評価の高いものは少ない。代表作は、中国人娘と日本人青年の恋愛を描いた『支那の夜』(40)。満映(満州映画協会)スター李香蘭が、当初日本に反感をもつ中国娘役を演じているが、好青年との恋愛を通して、日本の良き理解者に変わっていく。『支那の夜』では、日本人青年役を長谷川一夫が演じているが、似たような映画がいくつもある(『蘇州の夜』

り寄ったりだ。

〔41〕等)。他の作品も筋立てはほぼ同じで、相手役の男優がチェンジするなど、役どころが少し異なる程度。日本人が満州や台湾の人々に善導を施すという筋書きは似たり寄ったりだ。

台湾の原住民(日本は高砂族と呼んだ)が、日本に協力する姿をドラマ化した『サヨンの鐘』は、李香蘭主演だが恋愛メロドラマではなく、日本の教育を受け、日本人として自覚に目覚めていく原住民の英雄譚。村の子どもたちが、日本軍のために川で死んだサヨンを偲んで、大声で「サヨン」と叫ぶシーンにはさすがにしらけた。とはいえ、中には松竹映画『野戦軍楽隊』(44)のように〝五族協和〟のスローガンを上手く描いている作品もある。本作には李香蘭もちょっとだけ出演し華を添えているが、物語のメインは急場仕立ての日本の軍楽隊が戦地の日本軍や民衆を励ますというもの。大東亜共栄圏の思想を巧に映像化してよくできている。

日独の戦意高揚ドキュメンタリー

ここで本章の締めくくりに、戦意高揚のために制作されたドキュメンタリーについて触れることにしよう。本書ではドキュメンタリーは基本的には取り上げないことにしているが、どうしても必要な作品について、簡潔に書くことにしたい。ナチスドイツのドキュメンタリーフィルムは、ドイツ国民を全体主義へ扇動する重要な役割を果たした。ヒトラーが宣伝相にゲッベルスを起用し、ドキュメンタリー映画を活用したことはよく知られている。中でも女性監督レニ・リーフェンシュタールの『意志の勝利』(35)や『オリンピア』(38)は、優れたドキュメンタリー映画として高く評価されている一方、ナチのプロパガンダの役割を果たすなど、厳しく批判されている側面も忘れてはならない。『オリンピア』は、ヒトラーのドイツが開催したベルリンオリンピックを臨場感あふれる映像で記録したものである。本作は、戦後我が国で何度かテレビ放映されているから観ている人もけっこういるのではないか。

映画に対する統制は、日本でもドイツに遅れること五年。一九三九年に映画法が成立し、劇映画には文化映画といわれる短編の記録フィルムを併映しなければならなくなった。その結果、『空の神兵』(42)、『東洋の凱歌』(42)、『ビルマ戦記』(42)、『轟沈』(44)等が製作される。前述した有名な『マレー戦記　第一部　進撃の記録』は、この種のドキュメンタリーフィルムとしては、七十五分と長尺で、マレー半島における日本軍の猛進撃ぶりを記録したものだ。例の英連邦軍のパーシバル将軍が山下将軍に無条件降伏する決定的瞬間も出てくる。

一方『上海／支那事変後方記録』(38)を撮った亀井文夫は続いて『戦ふ兵隊』

（39）を完成させるが、同作品は日本軍を勇ましく描いていないと判断され、一九三九年三月に上映禁止処分を受ける。製作会社はネガを焼却。このドキュメンタリーについては、反戦映画の章でもう一度とりあげる。尚日本の文化映画について詳しく知りたい人は、映画評論家の佐藤忠男や清水晶の著者を読むとよい。ナチスドイツの映画本については、岩崎昶の『ヒトラーと映画』（朝日選書）やジークフリート・クラカウアーの『カリガリからヒトラーへ』（みすず書房）等が少し古いけれどもおすすめだ。近著では、大野裕之の『チャップリンとヒトラー』（岩波書店）が優れている。

第三章　レジスタンス映画

隠れた名作――『祖国は誰れのものぞ』

小学生時代観た中で忘れることのできない戦争映画が、レジスタンス映画『鉄路の闘い』である。当時、私は学校から帰宅すると、勉強などそっちのけで毎日テレビの前にかじりついていた。いつも観ていた番組は、昼間三時からフジテレビ系列が放映していた『テレビ名画座』。同番組で『鉄路の闘い』が最初に放映されたのは、一九六四年三月だがその印象は鮮烈で、はっきり記憶の奥に深く刻まれている。その後、監督のルネ・クレマンの名前は、反戦映画の名作『禁じられた遊び』(52)と共に私の記憶回路に完全にインプットされてしまう。三年ほどたって『パリは燃えているか』(66)が劇場公開された時、私は真っ先に観に出かけた。映画評論家は、さほど高く評価しなかったけれど、私は満足感でいっぱいだった。

レジスタンスものでは、イタリア映画『祖国は誰れのものぞ』(61)も忘れられない。第二次大戦末期、イタリアが連合国に降伏すると、武装解除されたイタリア軍にかわってドイツ軍がナポリ市を制圧。新たに支配者となったドイツ軍に対しナポリ市民が武装蜂起し、果敢に戦いを挑み勝利をおさめる。このレジスタンス映画大作は、ロベルト・ロッセリーニ監督の『無防備都市』(45)に代表されるネオ・リアリズムの系譜にあるとされただけに、あたかもドキュメンタリーフィルムを観ているような臨場感に溢れていた。また『パリは燃えているか』と同じく、市民の全面協力を得た群像映画の成功例としても特筆すべきである。

競技場で銃殺されようとしている市民たちを助けるため、向かい側のビルディングの屋上に陣取って、ドイツ軍にいっせい攻撃を仕掛けるレジスタンスグループ。鑑別所から不良少年のリーダーを助け出し、ドイツ軍と戦う少年たち。空砲を実弾と間違え銃に装てんしてしまったおかげで、ほとんどのメンバーが撃ち殺されてしまう一団。さまざまな抵抗グループのエピソードが幾重にも絡み合いながらドラマが展開していく。『祖国は誰れのものぞ』は、六〇年代にヒットする群像戦争映画の先駆けというべきである。

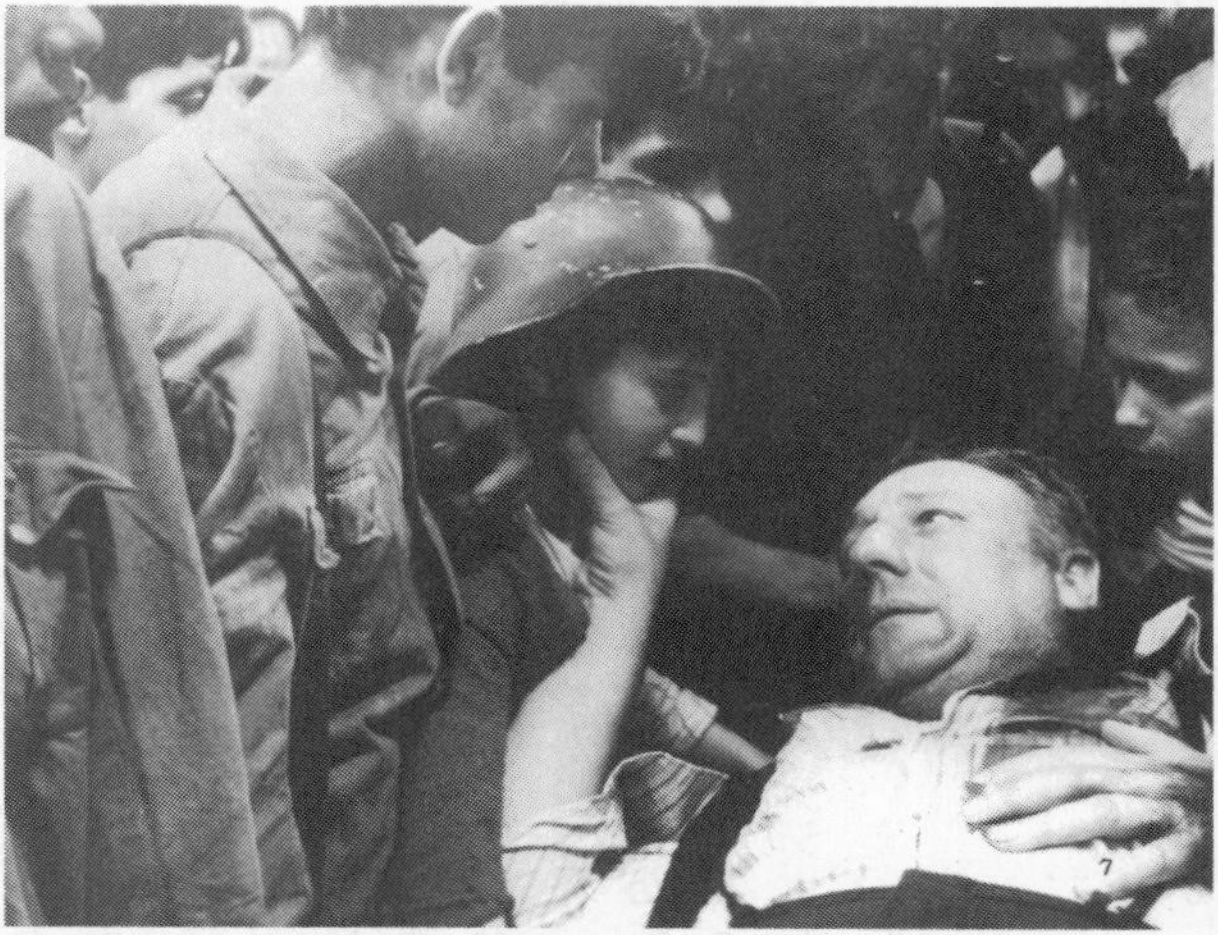

『祖国は誰れのものぞ』——イタリア降伏後のナポリ市民による対独武装蜂起

制作が一九六一年だから『史上最大の作戦』の前年、『大脱走』の二年前。イタリア映画だから、ハリウッド映画のような派手さはないが、同種の中では最も古い。群像映画は『グランドホテル』(37)を出発点に第二次大戦前から存在しているとはいえ、様々なエピソードが一つの歴史的事件をつくり上げるスタイルは以前には見られず、群像映画の中で個々のエピソードが同作品のように独立性がある戦争映画は、まだ生まれていなかった。してみると、『祖国は誰れのものぞ』の映画史における価値は、一般に思われているよりずっと高いかもしれない。

監督のナンニ・ロイの作品は我が国ではあまり公開されていないため、今ではその名を知っている人も少なく、映画のタイトルさえ忘れ去られてしまった。今日の日本では、テレビ放映され、ＤＶＤ・ブルーレイ化された作品は何度も批評の対象となるが、そうでなければほとんど語られることはなく、我が国で公開された傑作でも、あたかも存在しなかったかのような扱いをうける。若い時から映画館に通った世代が映画批評を書かなくなったせいだ。かつての映画評論家は、試写会や劇場で観た記憶を手掛かりに文章を書いていたので、映像の解説部分に事実誤認が少なからずあったが、批評内容は的確で教わることが多かった。今はＤＶＤ等のため映像の説明はやたら詳しいわりに中味がない。昔ながらの優れた映画批評もたまにあるが、そのようなものに限って目立たず、空疎で奇をてらったものばかりがもてはやされる。『祖国は誰のものぞ』のような作品は、テレビやラジオで知ったかぶりをしている解説者はまず観ていない。まあ、それが世の常とはいえ、昨今の状況はちょっと度が過ぎてはいまいか。

戦争スペクタクル大作――『パリは燃えているか』

ルネ・クレマンの『パリは燃えているか』の方は、二十年ほど前にビデオ化され、今ではＤＶＤも販売されている。私は、この戦争スペクタクル大作を有楽町にある有楽座で観たが、モノクロの大画面に圧倒されたのを鮮明に思い出す。というのも、一九六〇年代にはこの種のスペクタクル大作は『史上最大の作戦』などを例外としてほとんどカラーとなっていたからだ。たしかに同監督作品『鉄路の闘い』のリアリズム感覚には及ばないが、随所に記録フィルムを挿入し、後に登場してくるドキュドラマのお手本となった。

但し、登場人物やいくつかのエピソードは原作と似かよっているが、脚本家たち（フランシス・コッポラもその一人）が内容を大幅に書き変えているため、本を読んでいる人には不満足に感じるかもしれない。が、パリ市民の全面協力を得て、市街で大々的にロケーションを敢行しただけにその迫力は相当なもの。残念なのは、市街戦の多くが貴重な古都の破損を避けるために爆薬使用に制約があったせいなのか、いま一つ臨場感に欠ける。

『史上最大の作戦』でクリスチャン・マルカン率いるフランスコマンド部隊が、ホテルカジノを攻撃するパンチのきいた市街戦シーンを観てしまった後では、そう感じるのもやむを得ない。同作品では、三人の主要監督に加え、アクション撮影専門のエルモ・ウイリアムズが、ハリウッド仕込みの特撮技術を駆使して一つ一つの戦闘場面を綿密に創りあげ、使用された爆薬の量も相当なものだった。

他方『パリは燃えているか』の時代考証に対するこだわりも半端ではない。例えば、ド・ゴール派レジスタンスが占拠したパリ警視庁を砲撃するドイツ軍のパンター戦車は実物よりやや小さめだが、本物と見紛うほどよくできている。それもそのはず、博物館に展示してある複製品をわざわざ作り、パリの目抜き通りを走らせたのだから『史上最大の作戦』に負けてばかりはいない。

第二次大戦で使用されたドイツ戦車は、この頃には現存しているものがわずかしかなく、大概はアメリカの戦車にドイツのマークを付け、即席のドイツ戦車をつくり上げていた。それでもM41あたりを使っている分には、まだなんとかドイツ戦車らしく見えるが、リー・マーヴィン主演の『最前線物語』(80)でイスラエル製のシャーマン戦車にドイツのマークを付けていたのには、さすがに興ざめした。M4シャーマンは、第二次大戦中の連合国側を代表する戦車で誰もが見慣れているから、同系型をドイツ戦車に使うべきではない。私の知る限り、戦争映画の中であからさまにM4シャーマンを、ドイツ戦車として登場させたのは本作だけである。ただし、テレビ映画『0012捕虜収容所』と『ラット・パトロール』で、M3戦車(M4の古い型)にドイツのマークを付け、ドイツ軍戦車の代わりにしたことはあるが。

『パリは燃えているか』――市民の歓迎を受け仏軍がパリに入城するシーン

それに対して、『パリは燃えているか』では、本物と見紛う（キャタピラ部分は素人目にも違うことがわかる）パンター戦車がパリの目抜き通りを走り回るのだから、そのリアル感は圧倒的。ラスト近くで、ドイツ軍司令部を警護する本物そっくりのフランス製軽戦車（フランス軍戦車はドイツ軍が接収して使用していた）が、連合軍のM4シャーマンに砲撃され、吹き飛ばされるシーンも凄い。フランス軍のR35軽戦車がドイツ軍の戦車として画面に出てくるのも、歴史事実に則して正確。細部に対するこだわりが、全体の臨場感を高めている。

『パリは燃えているか』はレジスタン

ス映画といいながら、『史上最大の作戦』や『トラ・トラ・トラ！』のような戦争歴史映画の側面もある。米、仏、独のスターを勢揃いさせているところなどは、『史上最大の作戦』に似ているだけでなく、対抗意識さえ感じる。その点では、ソ連の方はもっと露骨だ。ヨーロッパを解放したのは、我が赤軍であるといわんばかりの戦争大作映画を量産している。『ヨーロッパの解放（第1部・2部）』（70）、『ヨーロッパの解放・第3部大包囲撃滅作戦』（71）、『ベルリン大攻防戦』（71）、『スターリングラード大攻防戦』（72）等巨費を投じているわりに、どれも長ったらしく退屈な作品ばかり。とはいえ、本物のドイツ軍戦車が数多く登場するのには感心する（ソ連だけは例外的に第二次大戦中のドイツ軍戦車が捕獲され、大量に残っていた）。映画が製作された一九七〇年代といえば、ブレジネフによるネオ・スターリン主義がソ連で息を吹き返している時代だから、こんな馬鹿げた国策映画が生み出されたのだろう。

さて『パリは燃えているか』に話題をもどそう。ドイツ軍のパリ司令官フォン・コルテッツ将軍は、ヒトラーから直接「パリを敵に渡す前に破壊せよ」と命令を受けていた。映画のタイトルは物語の最後に、ヒトラーが言うセリフから付けられている。連合軍がパリを解放した直後、ドイツ軍の司令官室に置かれた電話の受話器から、ヒトラーの声が虚しく響き渡る「パリは燃えているか……」。

パリ市内に先遣隊としてフランス軍が進行してくる経過も感動を呼ぶ。その他レジスタンス映画特有のヒロイズム賛歌はいたる所に見られる。ド・ゴール派レジスタンスの呼びかけに応え、パリ警視庁に警官たちが続々と集まって来るくだりや、フランスの国旗が次々と掲げられる場面には胸が熱くなる。これら心揺さぶる一連の映像は、元をただせばドミニク・ラピエールとラリー・コリンズの原作のおかげで、二人のジャーナリストは、パリ解放という壮大な歴史的事件を、膨大な史料とインタビューによって掘り起こし、第一級のノンフィクション大作に仕上げた。映画は原作の内容を大幅にカットしたり、登場人物を入れ替えたりしているが、大長編ドキュメントを3時間弱のフィルムに凝縮するのだからそれもやむを得ない。

例えば、原作では詳述してあるド・ゴール派とフランス共産党との確執について、映画はかなり曖昧な描写となっている。ルネ・クレマン監督は政治的立場の違いを越えた国民的な抵抗闘争を映像化したかったのだろう。公開当時、私にはそんな事情は分からなかった。が、原作を読んだ今では色々なことに気づかされる。日本人観客には、ドラマの中で繰り広げられるレジスタンス内の軋轢や葛藤の意味は、ほとんど理解できなかったに違いない。公開された時の字幕がどうなっていたかは正確に覚えていないけれども、ロル大佐が共産党のリーダーという印象が、中学生だった私の記憶にも残っているから、ド・ゴール派と共産党の区別ぐらいは字幕スーパーで明示されていたはずである。

ところが、『パリは燃えているか』をテレビ放映した字幕スーパーがこれまたお粗末なのだ。訳者は、パリ解放の歴史経過について認識不足なせいか、私でさえ「コミュニスト」とはっきりと聞き取れるセリフを「共産党」ないし「共産主義者」と素直に訳していない。レジスタンスの代表者たちがコルテッツ将軍と話し合う時のセリフは「共産党（共産主義者）であれ、反共産党（反共産主義者）であれ」と明確に喋っているにもかかわらず、字幕は「どんな主義主張をもつものであろうとも」と曖昧な表現になっていた。それ以外も、共産党（共産主義者）の字幕は一切出てこない。ロル大佐配下の学生レジスタンスがナチのスパイ（ジャン＝ルイ・トランティニヤン）に騙されるくだり。学生たちがお互い自己紹介している際、「若い共産主義者（共産党員）」というセリフもはっきり聞こえるが、字幕には表示されなかった。いずれのシーンも、翻訳の字数を省略せざるを得ない場合と異なり、納得できない訳である。

これでは、原作で克明に分析されているレジスタンス内の確執は、まるっきりわからない。ド・ゴール派とフランス共産党との対立と協力関係は、パリ解放七日間をめぐる抵抗闘争側の最も重要な課題だった。ド・ゴール派は抵抗運動のイニシアチブを共産党に握られていたため、当初武装蜂起には反対だった。映画の中でも、ド・ゴール派のシャバンデルマ将軍（アラン・ドロン）たちが、パリがドイツ軍に破壊されるのを憂慮し、レジスタンスの決起に、消極的姿勢をとるシーンが出てくるが、ここは原作と描き方がやや違う。本には、ド・ゴール派の一番の心配事は、共産党がパリを支配する点にあったと明快に書かれてある。

東欧のレジスタンス映画──『地下水道』『抵抗のプラハ』

その意味では、ナチの支配から無事に解放されたパリと、市全体が廃墟と化したポーランドのワルシャワとはまさしく対称的だった。一九四四年八月一日、ドイツの占領下にあったワルシャワで、レジスタンスが一斉に武装蜂起する。ソ連軍はワルシャワのすぐ近くを流れる川岸まで到達しながら、市内へ進行しなかったため、ワルシャワはドイツ軍により徹底的に破壊されてしまう。炎に包まれる歴史ある古都の無残な姿は、ドイツ軍が自ら撮影しているので、その映像を今でも観ることができる。

また両大都市の状況が対称的だったのは、抵抗運動内部における両派（共産党系と非共産系党）の確執についても同様といえよう。ワルシャワで蜂起したのは、共産党系ではなくロンドンに拠点を置く亡命政府系の国内軍というレジスタンス組織。前述したように、パリの場合、武装し戦闘を始めたのはレジスタンス内多数派の共産党系で、ド・ゴール派は対抗上やむなくたちあがった。チェコスロバキアでもロンドンに本拠を置く抵抗組織とプラハ市内に本部のある抵抗グループと勢力は二分され、チェコスロバキア映画『抵抗のプラハ』(70)にもその状態が描かれている。わかりやすく言えば、ソ連派と英米派に分かれていたわけで、ナチスドイツの支配下にあったヨーロッパ諸国では、おおよそ似たようなレジスタンス組織の並立状況が一般的だった。ユーゴスラビアのパルチザンも戦時中はソ連サイドであり、チトーがスターリンと対立し、共産主義運動内で独立性を強めるのは戦後の話。亡命政府派が、ソ連軍進撃前にワルシャワで武装蜂起したのは、ポーランドがソ連圏内に入るのを防ぐためだった。

ソ連がワルシャワの手前まで軍を進めながら、すぐに市内に入らなかったのは、反共レジスタンス(国内軍)の壊滅を望んだからで、その時の悲劇を象徴的に描いたのが、アンジェイ・ワイダ監督の『地下水道』(56)である。それゆえ、このレジスタンス映画には、ヒロイズムは一切排除され、ナチスと戦う勇ましい姿は何処にも見出すことは出来ない。

ジャン＝ピエール・メルビル監督の『影の軍隊』(69)も、同じく暗い色調で、フ

『地下水道』――ポーランド・ワルシャワのレジスタンスの悲劇を描く

ランスレジスタンスの地下活動を描いているが、そこにはいわば「敗北のヒロイズム」といったテーマが存在した。『いぬ』（63）、『サムライ』（67）等メルビル監督の暗黒街映画が、本人のレジスタンス活動の体験から生まれている背景がわかると、『影の軍隊』はなかなか味わい深い。だが、『地下水道』は同種の「敗北のヒロイズム」ともまったく無縁だ。

冒頭から片足を戦闘で失った若い女性が担架で運ばれていくシーンが映し出され、その場にいるレジスタンスのメンバーの不吉な未来を予感させる。その後次々と死んでいく抵抗グループの最後を、カメラは冷徹に捉えていく。それは抵抗というより絶望という方が適当だろう。

『地下水道』は、一連の抵抗運動を称えたレジスタンス映画とは異質。ロベルト・ロッセリーニ監督の『無防備都市』や『戦火のかなた』(46)のような悲劇的ではあるが、抵抗運動を肯定しているネオ・リアリズムとも違う。いわば虚無主義に塗りつぶされたレジスタンス映画というべきものである。

一九六〇年代半ば、テレビ放映で観た当時は、共産主義国家の恐るべき実態だけでなく、スターリン主義という言葉さえ知らず、ワイダ監督が訴えようとしているメッセージは理解できなかったが、強烈な印象だけは記憶に残った。その後ワルシャワ崩壊過程の歴史を知ってから観なおすと、この作品が対独レジスタンス映画というより、ワルシャワを見捨てたソ連に対する抗議の意味を持っていたのがよくわかる。汚物にまみれ、地下水道の暗闇をさまよっているレジスタンスメンバーは、他ならぬ共産党支配下で自由を奪われ、もがき苦しんでいるポーランド人の姿なのだ。

ワイダ監督がその後、反共レジスタンスの悲劇的な末路を、鮮烈に蘇らせた『灰とダイヤモンド』(57)を制作した経過を考え合わせると、『地下水道』のテーマもよりはっきりする。両作品とも、ソ連のフルシチョフによるスターリン批判(一九五六年)直後、東側諸国で弾圧体制が相対的に弱まった時期に生み出された。社会主義リアリズム論によって図式化された映画ばかりの中で、ワイダの創り上げる映像世界は、西側諸国に勝るとも劣らない。ソ連・東欧映画のレベルアップは、共産党一党支配の後退、弱体化と深く結びついている。なお近年になってワルシャワ蜂起を再現したポーランド映画『リベリオンワルシャワ大攻防戦』（14・日本未公開）が制作された。作品評価は賛否両論あるとはいえ、『地下水道』で語られなかった国内軍側の戦いが出てくるので是非観るべきである。

レジスタンスものではないが、ソ連のアンドレ・タルコフスキー監督の『僕の村は戦場だった』（62）も、やはり五六年のスターリン批判からそれほど経っていない時期の戦争映画。それまでのお決まりの対独戦英雄物語とは一味違う。斬新で詩的な映像は、社会主義リアリズムから見れば異端といえるもので、タルコフスキー監督はその後、ソ連映画界の新しい流れの旗手となっていく。だが、フルシチョフが失脚し、ネオ・スターリン主義が台頭し、再びいばらの道を歩まねばならない。

戦後ソ連圏を離れ、独自の社会主義路線へ進んだユーゴスラビアにしても、レジスタンス映画の出来はあまり褒められたものではなかった。西側諸国のスターが大挙出演した『ネレトバの戦い』（69）もチトー率いるパルチザンの活躍が教科書風に語られる面白くもおかしくもない国策映画。その他、美しいテーマ曲で知られる『夕焼けの戦場』（62）や『風雪の太陽』（73）と、そもそもわが国で公開されたユーゴの戦争映画自体が僅かしかなく、チェコスロバキアの場合は、本数がわずかなうえに内容がさらにひどい。その代表作『抵抗のプラハ』は第二次大戦中、ナチスドイツ占領下のプラハで起きたハイドリッヒ暗殺事件後の顚末を描いている。ハイドリッヒとは、ヒトラーの後継者とまで言われたナチスの大幹部で、ドイツ占領下のチェコスロバキアの統治を任されていた残忍な人物として有名である。

映画はのっけから処刑場が映し出され、断頭台の刃が落下するたびにクレジットタイトルが交代していく。断新なアイデアのつもりなのだろうが、どう見ても陳腐なオープニングにしか見えない。このタイトルシーンが、作品レベルを表し予想通り、ハイドリッヒ暗殺後逮捕されたレジスタンスメンバーが、例の断頭台で次々と斬首されていく。残虐行為が事務的に処理されるのを繰り返すことで、ナチスの冷酷さを表現しようというのだが、これ見よがしの残酷描写と起伏のない演出は、観ている側になんのインパクトも与えない。恐怖シーンとしても落第。ゲシュタポ長官がピアノを弾いている場面に、断頭台の刃が落ちる大きな音が断続的に聞こえてくるあたりは、あまりの稚拙な演出に苦笑してしまう。『抵抗のプラハ』の低劣さは、チェコスロバキアの国情を反映していたといえよう。作品が完成した年は、ソ連を中心としたワルシャワ条約機構の軍隊がチェコスロバキア領内に侵入し、自由を求めるチェコの民衆を武力で弾圧してから、まだ三年しか経過していなかった。
そのため制作された年代を考え、プラハ市民のソ連に対する抵抗意識が多少なりとも反映されているのではないかと淡い期待をもって観たのだが、まったく失望させられた。ドラマの中で英雄扱いされているのは、相も変わらず共産党のレジスタンス運動で、対立する二つの抵抗組織が出てくるとはいいながら、テロ行為に専念して大衆から浮き上がっているのは、ロンドンに司令部を置く英米側のグループというわけである（ハイドリッヒ暗殺の実行部隊は、イギリスからやってきたチェコ人たちだった）。共産党系レジスタンスのメンバーは、国民の大衆的支持でナチスを倒すべきだと正論めいた意見を吐く。なんだか一九六〇年代末、極左派（トロッキスト）を批判した日本共産党の主張みたいである。ここまで書けば、『抵抗のプラハ』がソ連に支援されたチェコ共産党の典型的なプロパガンダに過ぎないのは明白といえよう。

第二次大戦秘話――『暁の七人』『テレマークの要塞』『大列車作戦』

ところで、ハイドリッヒを暗殺した連合軍兵士のサイドから事件を描いた作品に『暁の七人』（75）というハリウッド映画がある。こちらは『抵抗のプラハ』と異なり、暗殺に直接関わった人々の物語。監督がアクション派のルイス・ギルバートのためか、最大の見せ場が教会にたてこもった暗殺グループとドイツ軍との攻防戦となっている。

少年時代、プラハの教会でドイツ軍と暗殺グループが死闘を繰り広げる事実を再現したテレビ番組を観た。今考えると同事件をドラマ化したもので、『暁の七人』によく似ていたとはいえ、テレビでは地下室内にいるメンバーが、教会内に入って来るドイツ兵を次々に撃ち殺すよう描かれていた憶えがある（『暁の七人』では教会の上方にいるグループがドイツ兵を大量に殺害する）。二〇一六年に公開された『ハイドリヒを撃て！「ナチの野獣」暗殺作戦』（16）でも、『暁の七人』と同じく教会の上方に居るメンバーが、ドイツ兵を殺害するよう描写されていた。

ところが、同事件を映画化した最新作『ナチス第三の男』（18）では、子供の時に観たテレビ番組に近い映像に戻っていた。最新作はフランスのル・モンド紙等に称賛され、世界的にも評価の高い小説に基づいているので、多分こちらの方が教会攻防戦の描き方は正確なのだろう。ということは、少年時代に観たテレビの再現ドラマが意外と事実に則していたわけである。

また、ハイドリッヒ暗殺をモデルにいち早く制作されたハリウッド映画『ヒットラーの狂人』（43・日本未公開）は、暗殺シーンが歴史的事実と相当違って映像化されていた。同年に製作された『死刑執行人もまた死す』（43）は暗殺場面もなく、事件の経過を映画化しているとはいいがたいが、フリッツ・ラング監督、ヘルベルト・ブレヒト原作ということもあって、こちらの方が『ヒットラーの狂人』と比べ出来は断然良かった。歴史的な事件にもかかわらず、描かれた事実が変化していくのに注目すべきである。同種作品を観る時には、映し出された場面をそのまま信じ込むのではなく、ある程度脚色されているのを前提に観た方がよい。

『ナバロンの要塞』と同じ冒険アクションのごとく宣伝された『テレマークの要塞』も実話で、ドイツが原爆製造計画をノルウェーで密かに進めていたのを、ロンドンに繋がるレジスタンス組織が阻止する物語。このストーリーも、ハイドリッヒ暗殺と同様に、少年時代テレビで観た記憶がある。どうやら劇場用映画ではないが、第二次大戦中の隠された重要事件を再現するテレビシリーズが放映されていたようだ。

映画『テレマークの要塞』は、アンソニー・マン監督のきめ細かい演出のおかげで、見応えのあるレジスタンス映画に仕上がっている。作品中、ノルウェー人が英語を流暢に喋っていても、さほど気にならないほど、ドラマ構成がしっかりと良くできていた。『パリは燃えているか』『祖国は誰のものぞ』は歴史上有名な出来事だが、『暁の七人』『テレマークの要塞』の方は、同じ歴史的事実を扱っているとはいいながら、いわば第二次大戦の戦争秘話と呼ぶべきもの。

この種の作品は、既に紹介した『暁の出撃』をはじめ意外と多く、中でも忘れられないのが、ジョン・フランケンハイマー監督の『大列車作戦』。フランスで撮影されているが、れっきとしたアメリカ映画である。一九四四年ドイツ占領下のフランス、パリ解放の日が刻々と近づきつつある中で、ナチスドイツは、ジュ・ド・ポーム国立博物館からピカソ、ゴッホ、ルノアール、ゴーギャン等、フランスの国家財産というべき名画をドイツ国内へ持ち去ろうと画策する。ドイツ軍が美術館にある名画を次々と包装し、ごっそり運び出すところが冒頭のタイトルシーン。

美術館の女性館長が事態を国鉄のレジスタンスに報告し、それを受け絵画を積んだ列車を妨害するリーダー格ラビッシュに扮するのが、バート・ランカスターである。アメリカ映画に出てくるレジスタンスは、大概連合軍に協力するだけの脇役で目立たないが、『大列車作戦』ではルネ・クレマン監督の『鉄路の闘い』と比べても見劣りしない存在感に溢れていた。それもそのはず、フランケンハイマーの対独レジスタンス描写は、ルネ・クレマンの映像づくりに多大な影響をうけていることが明らかに見てとれる。加えて列車の撮影場面で参考にしたと思われるのが、フランス映画『獣人』(38)。これは戦争映画ではないが、ジャン・ルノアール監督の鉄道員を主人公とした名作だ。

国鉄レジスタンスは、事態の重大性を認識し、全組織をあげて輸送妨害を計画し、名画を満載した列車を堂々巡りさせフランス国内から一歩たりとも外へ出させない。列車に乗っているドイツ軍警備兵を騙すために、通過する駅名を偽装し、ついにはレジスタンスのメンバーがドイツ兵に変装までしてしまう。手に汗握るスリリングなシーンの連続で、サスペンス映画としても一級品。『大列車作戦』は、パリ解放時、フランスの名画をレジスタンスが命がけで守った物語だから、『パリは燃えているか』の外伝といってもおかしくない。

『大列車作戦』——中央に立つのがバート・ランカスター

興味深いのはラストシーン。敵役のドイツ軍大佐（ポール・スコフィールド）が、「絵は私にこそふさわしい。美を理解する者でなければ所有する資格はないのだ」と言い残して、ラビッシュに撃たれて死ぬ。ドイツ軍が、脱線した列車から軍用トラックに移そうとして途中でやめ、箱詰めにされたまま名画が線路近辺に散乱している。連合軍は既にパリを解放しているのだろう。ラビッシュがドイツ軍に皆殺しにされたフランス人たちの遺体と箱詰めにされた名画をあとに、一人で線路脇の道をゆっくりと歩いていく。

監督のジョン・フランケンハイマーは、抵抗運動の栄光を十分に称えながら、ドイツ軍大佐の最後のセリフについては、明快な回答を与えていない。肯定も否定もしない態度をとったのである。そのことが停車している列車のリズムカルな蒸気音と相まって、深い余韻を残すエンディングにつながった。

ヨーロッパ戦線を舞台とした第二次大戦映画には、しばしばレジスタンスが登場するので、多少なりとも抵抗運動の歴史を知らないと、本当の面白さが分からない。同時代のヨーロッパ戦線史を知っていれば、戦争アクション『突撃隊』で、ポーランド兵（ニック・アダムス）がドイツ軍を憎み、アメリカ軍と行動を共にする理由もわかるだろう。

その他の仏伊レジスタンス映画

イタリアは日本、ドイツと三国同盟を結びながら、一九四三年にいち早く連合軍側に降伏し、国内で反ファシズムの抵抗運動が高揚する。『祖国は誰のものぞ』については、既に取り上げたので、ここではハリウッド製のイタリアレジスタンス映画を一本紹介したい。スタンリー・クレイマー監督の『サンタ・ビットリアの秘密』(69)。あるイタリアの村が、ワインをドイツ軍に渡すまいと全村をあげて抵抗する。プロットだけでいうなら、『大列車作戦』の農村版といったところ。とはいえ、こちらは名画ならぬ名酒（ワイン）をドイツ軍から守る話しになっていて、酒瓶がものすごく多い割に、スケールの方はだいぶ小さい。ハリウッドの赤狩りと闘ったクレイマーも、いささか老いた感じがする。

老いたといえば、フランスヌーベルバーグの旗手だったルイ・マル監督の遺作『さよなら子供たち』(87)のことにふれねばなるまい。ルイ・マルの自伝的作品。ドイツ占領下のフランスで、ささやかな抵抗を試みる人々の姿を熱い思いを込めて描いた佳作。ルイ・マルは年老いてから、本格的なレジスタンス映画を初めて撮った。

フランス映画の同ジャンルは、既に書いたジャン＝ピエール・メルビルの『影の軍隊』等いくつも創られているが、ロベール・アンリコ監督の『追想』(75)は、そんな中で忘れがたい小品だった。アンリコは、青春映画の傑作『冒険者たち』(67)を制作し、六〇年代の映画史に名を遺している。

舞台は、ドイツ占領下のフランスの片田舎。主人公の医者（フィリップ・ノワレ）には、美しい愛妻（ロミー・シュナイダー）と可愛い一人娘がいる。ある日、主人公が外出している間に、屋敷内に突然侵入して来たドイツ兵たちによって、愛妻と娘は惨殺されてしまう。帰宅した主人公は、二人の無残な遺体を目撃してから、屋敷内にいるドイツ兵を一人一人殺していく。妻と娘に対する追想が、復讐心を燃え上がらせていくところが実にうまい。

日本の抵抗映画

ところで、大政翼賛会がつくられ、議会制が機能しなくなった日本でも戦争についての反対意見はわずかとはいえ存在していた。が、ヨーロッパのようなレジスタンスやパルチザン運動があったわけではなく、一部の社会主義者、共産主義者、自由主義者、宗教家が散発的に反対を主張していたに過ぎない。

しかも共産主義者については、社会主義革命ないし人民民主主義革命を目指して活動していたわけだから、戦争反対はそのための手段で、本当のスローガンは有名な「帝国主義戦争を内乱へ」であった。階級戦争を主張していたのである。戦後、日本

『追想』——ドイツ兵に火炎放射器を向けられるロミー・シュナイダー

共産党は「反戦平和のために一貫して闘った」というが、実は階級戦争と革命の祖国ソ連擁護のための闘争だったわけで、無論平和そのものが目的だったのではない。

実を言えば、わが国で反軍国主義の傑作が生まれなかったのは、そのような抵抗運動の性格や脆弱性を反映している。戦後、『戦争と人間』『小林多喜二』(74) 等で、日本の軍国主義体制と闘う共産主義者や自由主義者を描いた山本薩夫や今井正にしても、戦時中は『翼の凱歌』や『怒りの海』などで積極的に戦争協力していた。彼らが制作した好戦映画と戦後の「反戦・平和」映画とが、あまりに食い違うことについては既に詳述したので繰り返さないが、当時日本は国を挙げて連合軍と戦っていた。映画は事実を何らかの形で映し出さざるを得ない。描かれた内容に嘘があれば、当然作品レベルは落ちるが、それも事実の反映といわねばなるまい。

第四章　反戦映画

戦争責任追及の欠如

我が国には、戦後数多く制作された「反戦・平和」と呼ばれる独特な戦争映画のジャンルが存在する。諸外国にも『禁じられた遊び』（54）や『西部戦線異状なし』（30）のように、戦争そのものを悪とする作品はあるが、そう多くはない。スピルバーグの『シンドラーのリスト』にしても、ホロコーストを糾弾した典型的な反ナチ映画。『攻撃』『地上より永遠に』やヴェトナム戦争を舞台にした『フルメタル・ジャケット』（87）は、軍隊批判が大きなテーマで、単に反戦を主張したわけではない。前章で分析した『パリは燃えているか』やロベルト・ロッセリーニ監督『無防備都市』が反ナチ抵抗映画であるのはいうまでもないが、同じロッセリーニ監督の戦災孤児問題をテーマとした『ドイツ零年』(48)でさえ、敗戦直後のドイツを背景に戦争の傷跡を映し出しながら、ベースに反ナチズムの主張が濃厚に漂っていた。

つまり、諸外国の反戦と思われる内容を見ていくと、ファシズム・ナチズムや軍隊内の官僚システム等への批判が確固として盛り込まれており、戦争自体に反対するものは極めて少ない。告発すべき対象がはっきりしている。ところが日本映画の場合、占領期だけでなく戦後長い間制作された作品のほとんどは、戦争そのものを悪として、また戦うこと自体が人間性に反するとされた。諸外国では、戦いを全否定することはまれだろう。ヨーロッパのレジスタンス映画は、武器を持つ戦いを肯定的に描き、正義の戦争もあることを教えてくれる。

日本の「反戦・平和」映画の代表作といえば、『きけ、わだつみの声』(50)と『ひめゆりの塔』。両作品とも明確に批判すべき対象やなぜ戦争が起こったのかがあいまいにされているため、スクリーン上に浮き上がって来るのはただ「戦争はよくない」というメッセージだけとなる。そんな我が国の「反戦・平和」映画の中で、批判の矛先を前面に押し出したのは山本薩夫監督の『真空地帯』(52)ではないか。同作品は、野間宏の反軍小説を原作としているため批判の対象がはっきりとしていた。初年兵のいじめの構造を突き詰めていくと昭和天皇を頂点とする日本の軍国主義体制につきあたる。だが、昭和天皇にたいする見方に問題があると言わざるを得ない。日本の軍国主義体制を描写する映像は正当だが、反天皇制のくだりは、戦後の共産主義勢力の革命路線と戦時中の天皇陛下に対する連合軍側（特に中国国民党）のプロパガンダの影響が強く、今観かえすとその部分に違和感を覚えてしまう。政治運動の熱狂下で制作された作品のもつ危うさが、『真空地帯』にもまとわりついている。

日本の「反戦・平和」映画の中で、もう一本異色な性格を持った作品といえるのが、家城巳代治監督の『雲ながるる果てに』だ。こちらは特攻隊員たちが敵艦に突っ込むまでの数日間をどのように生きたのかをじっくり見据えた力作。特攻隊員の生き方に深く心酔している主役鶴田浩二の思いが画面から伝わって来るので、演技を超えた迫真性を感じる。当時は特攻隊を描くこと自体が、戦争賛美に繋がるというご時世。部分的にその迷いが映像化されているのが目につく。

例えば、特攻隊員を送り出す上官たち、とりわけ東映警視庁シリーズの刑事役で知られる神田隆の悪党ぶりは、いかにも軍国主義者のステロタイプでいただけない。上官を悪玉にすることで、特攻隊員を軍国主義体制の犠牲者と表現しようというのだろうが、そこはいかにもとってつけたような印象を残す。なぜなら、特攻隊員たちが、祖国日本を守るために九州沖の海に散っていった経過を、克明に映し出すだけで、映画は十分にメッセージを伝えているからだ。『雲ながるる果てに』は、戦時中の日本人が共有する心情をスクリーンに結晶化した珍しいケースである。いわば、軍国主義体制一色に塗りつぶされた日本人の自画像と言えるかもしれない。

戦争被害者としての作品が主流

しかし、ほとんどの「反戦・平和」映画は、前述した『きけ、わだつみの声』『ひめゆりの塔』に加え、『また逢う日まで』(50)、『二十四の瞳』(54)、『ビルマの竪琴』(56)と代表作をあげていけば、ほぼ全体像がはっきりするのではないか。戦争の全面的否定のうえにドラマが構成され、丁度詳述した戦時中の好戦映画の対極に位置するような内容となっている。これらの作品は、なぜ大東亜戦争が国民全体の支持によって遂行されたのかという問題意識はないがしろにされ、ひたすら反戦のメッセージだけが映像化されている。いわば、戦時中の戦意高揚映画の裏返しに過ぎない。翼賛体制をつくり上げ、戦争へなだれをうって協力した問題は棚上げにされ、国民はひたすら軍国主義体制の被害者として画面に登場する。三百万人を超える戦死者をはじめ、国土が焦土と化す等膨大な犠牲を出したこともあって、同種の描き方は、戦争直後観客多数の共感を得た。が、果たしてそれでよかったのだろうか。このような姿勢からは、日本人が進んで戦争に参加し、一般の国民も戦争協力した事実に対する深い洞察は生まれない。しかも祖国のために戦った軍人たちへの哀悼の念は、戦後長い間封印されてしまった。加害者としての日本国民も、しばらくの間明確に描かれることはなかった。勿論、以上の背後にアメリカ占領軍の政治的意図・権力的統制が働いていたから、そのことを戦争直後の日本人だけの責任には帰せられない。

そして『人間の条件』あたりから、加害者としての日本国民を描くことが始まる。時代は六〇年安保反対闘争の頃で、共産党がイニシアチブを握る人民民主主義革命路線が背景にあった。その流れはソ連が崩壊し、中華人民共和国や北朝鮮の実態が暴露され、我が国でも社会党の消滅、日本共産党の先進国革命路線が完全に破たんした後も、形を変えて生きながらえていく。

国内の左翼の力が衰えたことにより、その後、左翼革命の思想は中国や北朝鮮のイニシアチブの下で、主に体制化した左翼の牙城であるマスコミや大学等で勢力を維持・増幅することになった。それはもはや左翼思想といえるものではなく、外国勢力による内政干渉の道具と化したといえよう。戦争責任問題がかまびすしく語られるようになるのは、実はこのような情勢下（一九九〇年代以降）で、それ以前、戦後の日本人が自ら追及した戦争責任問題とは似て非なるものだった。いわば、中国や北朝鮮等よる露骨な工作活動の結果生じた反日運動というべきである。

さて、「反戦・平和」映画に話を戻したい。以上のような実態やからくりを知ると、加害者としての日本人を映像化した作品が、今では嘘っぽく感じてしまう事情も了解できよう。例えば『ひめゆりの塔』の九五年度リメイク版では、沖縄県民に対する差別や朝鮮人差別が取り上げられているが、どう見ても付け足しにしか見えない。それは、一九五三年の『ひめゆりの塔』の制作意図が、本来沖縄の少女たちの悲劇を描くことにあったからで、オリジナル版では、沖縄県民の差別はほとんど意識されていなかった。ましてや朝鮮人差別など影も形もない。この時期のリメイク版がちぐはぐな感じを与えるのは、反戦平和のテーマに当時まったく意識されていなかった問題を無理やり継ぎ接ぎした結果なのだ。似たような形で、加害者としての日本人を映し出したのが、『きけ、わだつみの声』のリメイク版(85)。

そういえば、『ビルマの竪琴』は、内容がほとんど変わらないリメイク版がつくられている。ともかく、オリジナリティ・創造性の欠如としか言いようがない。

『ひめゆりの塔』の再映画化は必要だったか

『ひめゆりの塔』にいたっては、私が知っているだけでも五回映画化されている。諸外国でも歴史的な大事件や名作映画等の再映画化はいくつかあるが、第二次大戦の悲劇を題材にした戦争映画が同じタイトルで、これほど繰り返されたことは例がないだろう。但し、日本の戦争プロパガンダ作品『肉弾三勇士』と『空閑少佐』の英雄伝がそれぞれ戦時中に、五、六本製作されている。『ひめゆりの塔』を戦争プロパガンダと比べるのは多少気が引けるが、私にはリメイク版づくりの発想がどこかで繫がっているように思えてならない。

さて、五本のひめゆり映画の中で、最も優れていたのが今井正監督の『ひめゆりの塔』(53)。女優の香川京子らの演じたひめゆり学徒のはつらつとした姿と、沖縄戦の悲劇がうまく融合して、緊張感溢れる反戦映画に仕上がっている。主演の香川京子は、自分と実際のひめゆり部隊員との年齢が近いこともあって、彼女たちの生きざまに深く共感を抱き、映画完成後もひめゆり部隊の生存者たちとの交流を続けた。

一九九三年にその思いをエッセイ風にまとめた「ひめゆりたちの祈り」(朝日新聞社)という本を上梓している。今井監督をはじめ、制作サイドの本作品への思いを示す有力な証言として、書き留めておく必要があるだろう。「反戦・平和」映画であれば、何でもかんでも評価する連中は、オリジナル版がその後のリメイク版をことごとく圧倒している意味をかみしめるべきだ。

とりわけ問題を感じたのが一九八二年版。主演が栗原小巻と篠田三郎で、オリジナル版の香川京子の役を古手川祐子が演じているが、問題は俳優たちにではなく、演出側の映づくり姿勢にある。なぜなら、この『ひめゆりの塔』は今井監督自身が一九五三年に制作した時と同じ脚本を使用しているのに加え、驚くべきことに、各シーンのカット割りまでほとんど変わっていない。セリフが微妙に違っているのと、あとは役者がチェンジしているだけである。オリジナリティのないことはなはだしい。それなら、なぜリメイク版をわざわざつくる必要があったのか。三十年前の内容をそのまま繰り返す停滞の発想こそ、八二年版の最大の特徴というべきだろう。このリメイク版に比べれば、一九九五年の神山征二郎監督作品の方が、新しい中味が盛り込まれている分まだましだった。

意外とよかったのが、吉永小百合主演の日活作品『あ、ひめゆりの塔』。監督がアクション派の舛田利雄のおかげもあってへたに反戦思想がない分、ひめゆり学徒らの最後が迫力ある映像によって再現されている。摩文仁の丘で自決する学徒役吉永小百合の無残な姿が、俯瞰ショットで映し出された後、間髪を入れずエンドマークとなる。その突き放した終わり方に他のひめゆり映画にないリアリティを感じた。六〇年代の若者群像を見せる導入シーンも、他の作品にはない工夫が施されて好ましい。だが、日活青春映画のイメージをそのまま持ち込んだ部分（ひめゆり学徒たちの喋り方等）については、減点せざるを得ない。ともあれ、今井正のオリジナル版が、その後のリメイク版に比べ遥かに出来が良いことを考えると、やはり再映画化は必要なかった。

岡本喜八監督の仕事

リメイク版と比べるなら、『激動の昭和史　沖縄決戦』（71）のように、ひめゆり部隊が部分的に登場する作品の方がはるかに新鮮でいい。この映画は、『原爆の子』（52）を監督した新藤兼人が脚本を担当しているだけに、反戦映画といってもおかしくないが、特攻機が米軍艦に突入していく戦闘シーンなどで岡本喜八監督が本領を発揮しているため、全体として見ると戦争アクション的色彩が相当強くなっている。東宝の8・15シリーズ『連合艦隊司令長官山本五十六』『激動の昭和史・軍閥』（70）等と同じ形で公開されているから、反戦映画と思っていない人も多いのではないか。

岡本監督は、既に書いたように戦争アクション『独立愚連隊』を起点に、反戦的傾向の強い『血と砂』をへて、反戦テーマを前面に押し出す『肉弾』を製作するに至った。が、私としては、斬新な撮影手法のATG映画『肉弾』より東宝の『日本のいちばん長い日』の中で、日本降伏当日、その事実を知らずに特攻隊が出撃していくシーンに痛烈な反戦メッセージを感じた。とはいいながら、トータルに見ると『日本のいちばん長い日』は、徹底抗戦を主張し反乱を起こした陸軍の青年将校たちに理解を示す危うい映画と言わねばならない。本作を最初に観た時、中学生であった私は青年将校たちの行動に共感した。確かに岡本喜八監督は、青年将校たちの狂気の一端も描写しているが、彼らが決起せざるを得なかった大義の前では、ちいさなマイナス要素にしか見えない。青年将校らの姿をリアルに映像化すればするほど、その純粋性が浮き立つつくりとなっている。阿南陸軍大臣（三船敏郎）の割腹自殺のくだりも同様だ。俳優たちの迫真の演技も影響した。

新東宝がＧＨＱの占領期終了後すぐに同事件を映画化した『日本敗れず』（54）や東映の『八月十五日の動乱』（62）等とは比べものにならないほど出来がいいだけに、同事件を再現する難しさをつくづく考えさせられる。ともかく一連の「反戦・平和」映画より、終戦時の日本を正確に映し出していることは疑いない。

なお、二〇一五年に製作されたリメイク版については、まず内容を云々する以前に、映画としての完成度にクレームをつけざるを得ない。出演者たちについては、天皇陛下を演じた真田正之をはじめ、全員よく頑張っているが、肝心のドラマが平板で盛り上がりに欠ける。内容についてもオリジナル版の方がはるかに原作に近い印象をうけた。むしろ、なぜこのようなリメイク版を制作したのか、その意図に疑念が浮かぶ。

啓蒙映画の功罪

我が国の「反戦・平和」作品が説得力を持てないもう一つの理由に、戦後次々と制作された民主主義啓蒙映画の負の遺産をあげねばならない。日本映画は敗戦後、ＧＨＱの言論統制によって、反民主主義的内容の作品は一切禁止となった。そのため、封建主義、軍国主義に繋がると見なされたチャンバラ映画がつくれなくなったことはよく知られている。その代わり盛んに上映されたのが、ＧＨＱの後押しで制作された一連の民主主義啓蒙映画だ。それまで軍人の鏡のような人物ばかり演じていた

「日本のいちばん長い日
〈東宝 DVD 名作セレクション〉」
DVD 発売中￥2,500＋税
発売・販売元：東宝 ©1967 TOHO CO. LTD.
＊2020年8月の情報です。

役者が、今度は労働者の代表や急進的な自由主義者、さらには共産主義者に扮してしまうのだから、なんとも奇妙な話である。

『大曾根家の朝』(46)は、その典型的な一本。戦時中、大曾根家に君臨していた横暴な軍人(小沢栄太郎)が敗戦と共に権力を失っていく様を描いた本作が、GHQ民間情報局長デヴィッド・コンデの直接の指示によって制作されたことを、映画評論家佐藤忠男は「日本映画史2」(岩波書店)の中で詳述している。東宝の撮影所にデヴィッド・コンデがやって来て「自分から、天皇制批判、小林多喜二や尾崎秀実のような革命的人物の生涯、戦争中の資本家や財閥の罪、石炭産業の復興などのテーマを例にあげた」。

その結果生まれたのが、『大曾根家の朝』や今井正監督の『民衆の敵』(46)である。ゾルゲ事件と京都の滝川事件をミックスしたような東宝映画『わが青春に悔いなし』(46)も同じ流れの中で生まれた。戦時中は勇猛な軍人役で名を馳せた藤田進がなんと反戦活動家を演じてしまうのだから、藤田ファンもさぞかし驚いたであろう。当然反撥も相当あったようだ。当時映画少年であった佐藤忠男は、同書の中で「私はむしろ彼女の夫の反戦活動家を演じたのが藤田進であることに強く抵抗を感じないではいられなかった」と書き、さらに『民衆の敵』に出演した本人を評して、「重ね重ね、臆面もない裏切りだと少年の私は憮然」としたと率直な感慨を述べている。

私は黒澤の反戦映画だというので、戦後かなりたってから『わが青春に悔いなし』を観たのだが、期待に反する内容だったので残念に感じたことを思い出す。本作に比べるなら、戦意高揚映画『一番美しく』の方がはるかに良くできていた。戦中・占領期の両作品ともにプロパガンダ的性格が濃厚だが、徹底抗戦が叫ばれていた戦争末期の方が断然優れているというのは興味深い。

中でもGHQ民間情報局のテコ入れでつくられた軍人のイメージが、後の「反戦・平和」映画に出てくる軍国主義者の原型となっている点に注目すべきだろう。『大曾根家の朝』で小澤栄太郎扮する軍人の悪役ぶりは、デヴィッド・コンデの度重なる要請によるもので、なんともわざとらしくつくりものめいている。後の日本映画には同種のステロタイプが繰り返し顔を出す。例えば、既に書いた『雲ながるる果てに』の上官もそうだ。このすぐれた反戦映画中で、特攻を命じる神田隆の悪玉然とした将校だけが、全体の中でバランスを崩している。

同じく、特攻隊を題材にした『月光の夏』(93)。例によって悪党面した憎々しげな上官が出てくる。これらの日本軍人は、デヴィッド・コンデの頭の中にあったイメージに、多少手を加えたものに過ぎない。元々がアメリカ人の創造した人物だから、ハリウッド作品に登場するステロタイプの日本軍人役にどことなく似ている。谷口千吉監督の『暁の脱走』（50）に出てくる残忍非道な軍人のルーツも、民主主義啓蒙映画に求めるべきだろう。尚、デヴィッド・コンデは、今日ではアメリカ共産党員であった事実が明らかとなっている。

制服の似合わない俳優たち

さて、日本の「反戦・平和」映画には、原爆と東京大空襲を題材とした作品群がある。原爆映画については、次章で改めて書くのでここでは取り上げない。東京大空襲を描いた映画には、『東京大空襲／ガラスのうさぎ』（79）やアニメーション『猫は生きている』（75）等、左翼系教育映画のジャンルに入るものが多く、一九九一年には労働組合・教育関係団体・個人の財政援助で『戦争と青春』（91）が製作された。監督は『また逢う日まで』や『ひめゆりの塔』等を手がけてきた今井正。本作が遺作となった。B-29の空襲シーンなどに工夫が凝らされて、九〇年代同ジャンル映画の中では出色の出来映えだが、年のせいか時代認識のズレを感じさせ、今井監督の老いが目立つ。

一九九五年には、戦後五十年を記念して『きけ、わだつみの声／LAST

FRIENDS』(95)や『ひめゆりの塔』のリメイク版や特攻隊員を描いた『THE WINDS OF GOD』(95)『君を忘れない』(95)等が公開された。が、これらの作品を観てまず気になるのは、出演俳優たちが戦時中の若者にどのくらいなり切れているか、ということである。一九七〇年代頃までの俳優は、それなりの面構えや体格をしていたので、軍服姿が何とか様になっていた。ところが、それ以後の若い俳優ときたら背が高く、スマート過ぎてどう見ても戦時中の日本兵や日本軍将校らしくない。

女優も、あまりに手足が細くきゃしゃなため戦時下の女学生や看護婦という感じがしないのだ。『THE WINDS OF GOD』は人気タレントを起用しなかったので、比較的軍人らしく見えた方だが、他の作品は内容を云々する以前に、出演者の顔ぶれの段階で戦争映画として失格している。一方、現代のハリウッド映画に登場する軍人に見えない俳優などまずいない。軍服の似合うスターはいくらでもいる。戦後、我が国ほど若者の体格が貧弱になった国民はいないのではないか。

また、今井監督作品ともなれば、ワンカットごとに丁寧に作られ、時代考証もちゃんとなされているが、「反戦・平和」の系譜にある他の作品は、軍人の敬礼の仕方から言葉遣いまでいい加減なものが目立つ。若い俳優や制作スタッフにお願いしたいのは、古い日本映画の名作をできるだけ観て欲しい。そうすれば、『きけ、わだつみの声』のリメイクのように、オリバー・ストーン監督の『プラトーン』(86)の真似事のようなシーンを撮らなくてすむ。わが国の古い作品(戦中の映画を含む)から学ぶことは無数にある。

日本の戦争映画の新たな潮流と学ぶべき反戦映画

さて、二十一世紀になると、我が国の戦争映画には「反戦・平和」のカテゴリーにおさまらないものがいくつも制作されるようになった。現在は終戦から七十五年が経過している。戦中世代が少数派となり、その記憶も薄れているのだから、戦争に対する考えが変わるのも当然だろう。いまや、定年退職を迎えた団塊世代自身が戦争を知らないのである。「反戦・平和」映画が古臭く見えてしまうのも仕方がない。

さらに戦後の隠された歴史(GHQの占領政策等)が明らかになる中で、日本人の名誉を回復する戦争映画が作られるようになってきた。『太平洋の奇跡 フォックスと呼ばれた男』(11)、『永遠の0』等、これまでの「反戦・平和」の系譜とは、明らかに一線を画し、いずれも戦争の悲劇を描きながら、祖国のために戦った日本人たちへの敬意を強く押し出している。戦後の日本映画は祖国のために戦った日本軍人に対して、常に否定的であった。肯定的に描く場合にも及び腰で、その際愛国心高揚は退けられるのが当然とされていた。山本薩夫監督の『戦争と人間』には、日本人の愛国心が人間としての生き方に反するという極端なセリフさえあったほどである。

一方『永遠の0』は、近年の中では抜群にレベルが高く、歴史考証を含め細部まで良く出来ていた。主演の人気スター岡田准一が、ステロタイプの特攻ものとは異なる人物像を熱演し、日本映画では、珍しく大ヒットロングランしたのを忘れてはならない。これら以外にも、特攻隊員の最後を描いた『俺は君たちのためにこそ死にいく』(07)や戦後、B級戦犯として裁かれた岡田資陸軍中将をモデルにした小説（大岡昇平の『ながい旅』）の映画化『明日への遺言』(07)等、「反戦・平和」作品とは明らかに異なる戦争映画が生み出されるようになった。また、アメリカ側から見た終戦状況を描写したものだが、日本人キャストやスタッフが数多く関わった『終戦のエンペラー』(12)も、GHQ占領下の姿をこれまでとは違い、我が国の指導者の苦悩をそれなりに映し出している。それに戦争映画ではないけれど、リアルな東京空襲場面が冒頭に登場する『海賊と呼ばれた男』(16)も同じ流れに属するといえよう。日本の軍国主義を、型通りに映像化する作品はほとんど制作されなくなった。

しかし、かつて「反戦・平和」主義者たちが戦中作品を抹殺したように、占領期や戦後作品を全否定するのもまた誤りである。「反戦・平和」映画を、GHQのテコ入れによって作られたからと、また同系譜にある映画ゆえに価値ないものとする極端な態度をとるべきではない。それでは、戦時中の作品を全て天皇制軍国主義賛美と決めつけた「反戦・平和」論者と同レベルになってしまう。リセットという考えは、歴史を継承していく上でマイナスに作用するだけである。最近、日本映画を観ていると愕然となることが少なくない。わが国の映画界が、長年にわたって築き上げてきた優れた歴史・伝統をいとも簡単に投げ捨てるような傾向を感じるからだ。なぜハリウッドや韓国映画の真似をしなければならないのか。

そう考えるとGHQや左翼思想の影響が強かったとはいえ、終戦後の作品に学ぶべきことは実に多い。そんな観点で振り返れば、「反戦・平和」映画のリーダーともいえる今井正作品で印象に残っているのが、戦後から時を経て制作された『海軍特別年少兵』(72)という反軍映画。『真空地帯』とよく似た軍隊内でのいじめシーンがあり、戦後の同ジャンルのマイナス部分をもちながらも小粒だがよくまとまっている。また『真空地帯』の監督山本薩夫と共に、戦後いち早く反戦映画『戦争と平和』(47)を世に送り出したのが亀井文夫だが、既に戦意高揚映画の章でふれた通り、亀井は戦時中、反戦ドキュメンタリー『戦ふ兵隊』をつくったことで、日本映画史の中で忘れがたい存在となった。『戦ふ兵隊』はタイトルの持つ印象とは裏腹に、導入部から中国人の民家が焼かれ、逃げていく民衆の姿が映し出され、日本軍の撮影した戦記フィルムとはとても思えない。亀井はこの作品が原因で、一九四一年に治安維持法にひっかかり逮捕される。戦後、安全地帯で戦争批判するのとはわけが違う。戦時下で戦場の真実を追求した創作活動は正当に評価されるべきだ。

欧米反戦映画の名作群

さて、この章の締めくくりに諸外国の反戦映画について書くことにする。『禁じられた遊び』は、『鉄路の闘い』のくだりで詳述したルネ・クレマン監督の代表作で、ドラマの冒頭に、ドイツの戦闘機に両親が撃ち殺され、孤児になった少女（ブリジット・フォッセイ）の物語。戦時下のフランスを描きながら、抵抗運動などは出てこないから反戦映画といってもよいが、欧米の反戦映画には、戦災孤児問題を題材とした同種の名作が他にもある。フレッド・ジンネマン監督の『山河遥かなり』（47）とロベルト・ロッセリーニ監督の『ドイツ零年』がその代表作で、ビング・クロスビー主演の『失われた少年』（53）も同ジャンルに加えていいだろう。

戦災孤児ではないが、戦争に翻弄される少年たちを主人公とした西ドイツ映画『橋』（59）は、本格的な反戦映画の傑作だった。敗戦間際ドイツのある小さな町で、

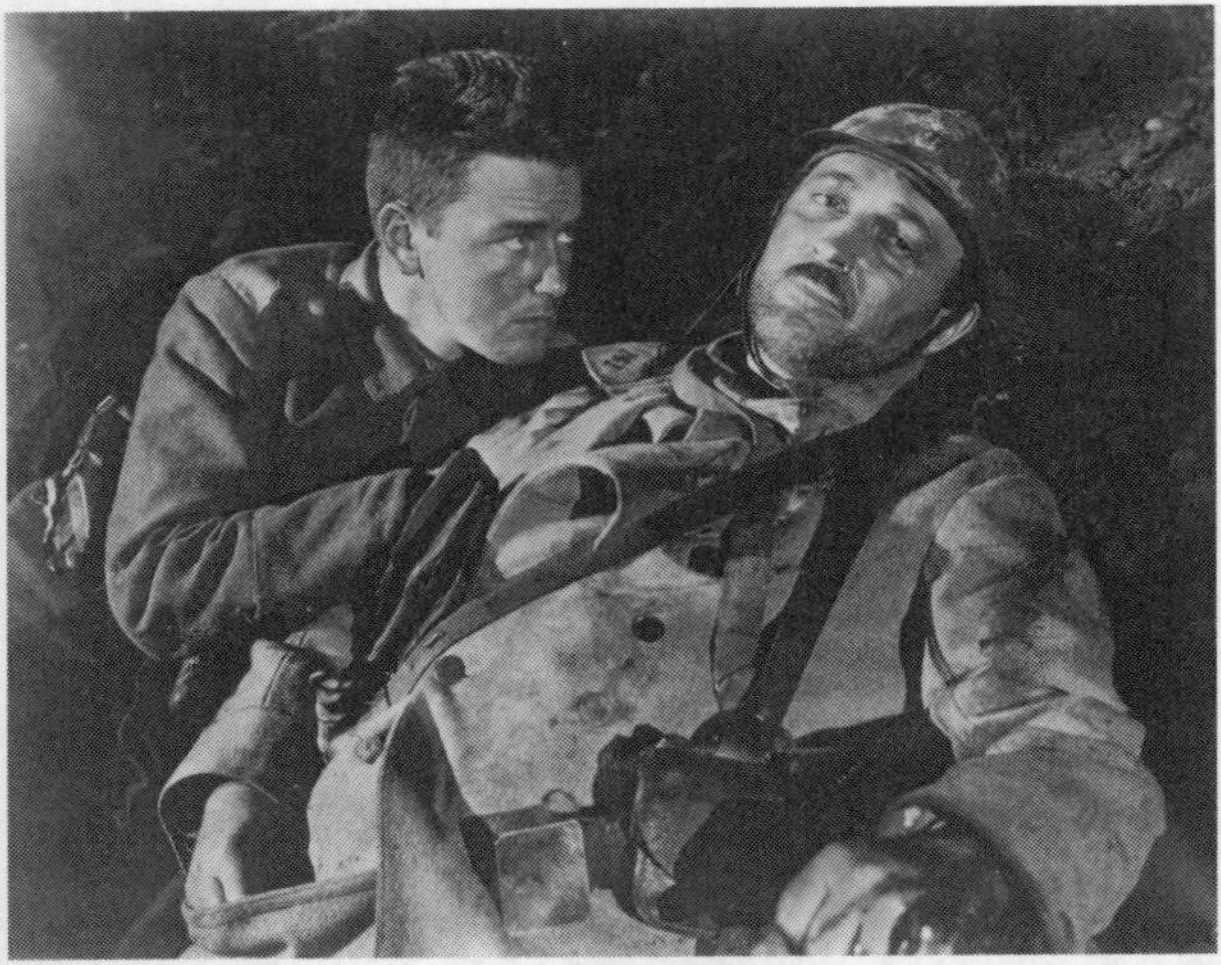

『西部戦線異状なし』——砲弾の穴で初めて敵兵を刺殺した主人公ポール（左）

少年ドイツ兵たちが橋を死守しようとする物語。徹底したリアリズムタッチと悲劇的なエンディングで、極めて後味の悪い戦争映画に仕上がっている。が、その不快感を与える演出は意図的なもので、戦争の醜さをスクリーンに焼き付けた作品として特筆すべきといえよう。戦闘シーンがそれほど出てこないにもかかわらず、戦場の恐ろしさを肌身に感じさせてくれる。監督のベルンハルト・ヴィッキは、本作のすぐ後、『史上最大の作戦』のドイツ側演出に抜擢され、以後ハリウッドに招かれて海洋スパイアクション『モリツリ』(65)を制作した。

同じような反戦映画には、第一次大戦を舞台とした『西部戦線異状なし』を筆頭に、未熟な若者や子供たちの悲劇を取り上げたものが少なくない。中でも、ドルトン・トランボが自身の書いた小説を映画化した『ジョニーは戦場へ行った』(71)は強烈なインパクトを与えた問題作だった。トランボと同じくハリウッドの赤狩りで苦難の道を歩んだジョセフ・ロージー監督の『銃殺』(64)も若い未熟な兵士(トム・コートネイ)を主人公としているため、一連の反戦映画に近いが、本作はキューブリック監督『突撃』と同じく軍隊批判の大テーマがある。

『ジョニーは戦場へ行った』のプログラム

またユダヤ人少女の悲劇を映画化した『アンネの日記』(59)やミュージカル大作『サウンド・オブ・ミュージック』(64)は反ナチズムのテーマが底流にあり、レジスタンス映画の章で扱ってもおかしくはない。さらに、同ジャンルには、戦争によって引き裂かれる男女の悲劇をテーマとした一群がある。『ひまわり』(70)は代表作だが、ヘミングウェイ原作の『武器よさらば』(32)やロック・ハドソン主演のリメイク版『武器よさらば』(57)も当然その系列に属する。その他、『哀愁』『グレンミラー物語』(54)、『哀愁』のリメイク版『ハノーバー・ストリート／哀愁の街角』(79)など挙げ始めると、本来恋愛映画のジャンルに含めるべき作品まで列記せねばならなくなるため、外国の反戦映画についてはこのあたりで打ち止めにしたい。

日本軍の戦争犯罪をテーマにした問題作

そこで、日本の戦争責任問題を扱った映画を一本紹介する。既に三十年近く前になってしまうが、我が国でも公開されたオーストラリア映画『アンボンで何が裁かれたか』(90)は、日本軍によるオーストラリア捕虜虐殺事件を真正面から映像化した問題作。

脚本担当のブライアン・A・ウイリアムズは、「掘り下げて脚本を作っていくうちに、我々は何とかオーストリアと日本の間に架ける橋のようなものがつくれればと思いました」と述べているように、映画製作の意図は日豪友好のためといえる。だがそれは相手国側の思いであって、日本人がどのように受け止めるかは別問題。ドラマの

『アンボンで何が裁かれたか』――日本軍による豪軍捕虜虐殺事件を映像化

最後に銃殺される日本軍将校に扮した俳優の塩谷俊が劇場パンフレットに「テーマの重たさや生々しい描写から、この公開はかなり厳しい状況であった」と書いてあるのを読むと、日本側の同作品に対する姿勢がわかる。

そもそも、当時一般公開されたといっても、東京・新宿の名画劇場で、細々と上映されていたにすぎない。私が観た回は、観客もまばらで、しかも欧米人の方が目についたくらいだから、日本人の関心度は低調だったというべきである。単刀直入にいえば、日本軍の戦争責任をテーマとした映画をわが国民は観たくない。とにかく、日本軍の姿を目にすることが不快きわまりないのである。

だが、これらの作品は、前述した東アジア諸国の嘘で塗り固められたプロパガンダ映画とは違い、日本との友好を意図して制作されたもので、近年も『レイルウェイ運命の旅路』(13)で、日本軍の捕虜となったイギリス軍将校と日本軍将校の再会を通して、両者の和解を描いた映画が製作されている。アンジェリーナ・ジョリー監督の『不屈の男 アンブロークン』(14)も同系譜に属するが、南京事件や慰安婦問題等で、中国共産党をはじめ東アジアの全体主義勢力が日本を貶めるための謀略を繰り返しているせいか、これら和解を目的とするものまで、一緒くたにする傾向が見られるがそれは正しくない。同作品に登場するサディスティックな日本軍人役(ミヤビ＝石原貴雅)の描き方など、中国等のプロパガンダに利用されかねないとはいえ、全体の主旨から総合的に判断すべきだ。

むしろ『不屈の男 アンブロークン』の中で、サディスティックな軍人役を演じた石原貴雅が、『キングコング：髑髏島の巨神』(17)の冒頭、日本軍航空兵に扮し、アメリカ軍航空兵と戦うシーンの方がずっと危険な政治性を含んでいる。キング・コングの第一作が、ハリウッドで制作され大ヒットしたのは一九三三年だから、日米戦争が始まる(一九四一年十二月八日)遥か以前の出来事。キング・コングが暴れまわる本作が、オリジナル版の時代に合わせるように装いながら、導入部を大東亜戦争の太平洋戦線に設定しているのが、実に巧妙といえよう。たわいのないモンスター映画の中に潜む、政治的思惑を読み解く洞察力が、現代の日本人には求められている。

まず同モンスター映画を製作した会社に注目すべきで、中でも中心となっているレジェンダリー・ピクチャーズは、二〇一六年に中国の大連万達グループに買収され、同じ年、米中合作の愚作『グレイトウォール』(16)に中国の映画会社と共に社名を連ねているが、元は『ダークナイト』(08)や『アルゴ』(12)等のエンタテインメントの秀作を多く手がけたれっきとしたアメリカの映画会社。また、中国は映画観客を抱える大市場という経済力を利用して、ハリウッド映画の内容を自分たちの都合の良い方へ誘導していく。チャイナマネーの危険性が指摘されるのは、中国経済が他の先進資本主義諸国と全く異質で、共産党独裁政権のプロパガンダ工作と表裏一体となっているためである。

そんな意図が透けて見えてしまうせいか、『キングコング：髑髏島の巨神』は、我が国の映画ファンに意外と評判がよくない。ネットには若い人の称賛の声がある一方、辛辣な批評がずらりと並ぶ。また、アメリカの映画評論家の厳しい批評も目にしたが、私としては、オリジナル版のもつB級映画の雰囲気を上手く生かしているあたりは悪くないと思った。冒頭の日米戦シーンをはじめ、わざわざヴェトナム戦争を舞台に設定するなど、中国の膨張主義に服しない日本やヴェトナムをアメリカと反目させ、貶めようという思惑がこれほど露骨でなければ、B級モンスター映画として評価していたかもしれない。その点、製作意図を素早く察知する我が国の映画ファンが多いのに感心する。製作・宣伝サイドが同ジャンルファンを侮ると、痛い目に合う格好の例といえよう。

そこでもう一度『アンボンで何が裁かれたか』へ話を戻す。この種の戦争犯罪映画は本来日本人が製作すべきであった。タイ・ビルマ戦線で、日本軍の捕虜となった連合軍将兵を描いた名作『戦場にかける橋』がイギリス人の手によってつくられた後も、我が国映画人は、日本軍のB・C級戦犯問題を扱った作品を避けてきた。

例外的に説得力のある作品として、『拝啓天皇陛下様』(63)、フランキー堺主演の『わたしは貝になりたい』(58)、熊井啓監督の『海と毒薬』(86)、藤田まこと主演『明日への遺言』をあげることができよう。それ以外は政治闘争の影響下で生まれた『軍旗はためくもとに』(72)『戦争と人間』『ゆきゆきて、神軍』(87)等が散見するぐらいだが、しかも鋭い戦争告発に見えた『軍旗はためくもとに』以下の三作品は、時代の熱が冷めてしまうと、思いのほか政治主義的だったことに気づかされる。以上のごとく戦争犯罪を取り上げるのは至難のわざだが、前述した『レイルウェイ運命の旅路』は、同種のテーマを日本人自身が今後取り上げるうえで、参考になるのではないか。

ホロコーストを糾弾する

ところで、ヨーロッパの同ジャンル作品については、イタリアのネオ・リアリズムをはじめ、フランスのレジスタンス映画など、反ナチ、ユダヤ人虐殺・迫害糾弾の映画が戦後数多く制作されている。

ハリウッドでも映画関係者にユダヤ系が多いこともあって、古くはチャップリンの『独裁者』から『シンドラーのリスト』まで、様々な反ナチ、戦争犯罪追及の映画が製作されてきた。『アンネの日記』はその代表作。スタンリー・クレイマー監督の『ニュールンベルク裁判』（61）も忘れがたい。ナチに協力した高名な裁判官に扮したバート・ランカスターの重厚な演技が印象に残った。第二次大戦の戦争犯罪を裁く国際法廷を映画化した『ニュールンベルク裁判』（61）と日本映画『大東亜戦争と国際裁判』（59）をくらべると、両作品の違いがはっきりする。映画の出来具合の優劣もさることながら、戦争犯罪に対する観点の違いが大きい。

戦後、ドイツに対し厳しい戦争責任追及がされたのは、連合軍側による勝者の論理ということも当然あるが、何よりもユダヤ人をガス室等で大量殺害したせいである。600万人に及ぶともいわれるユダヤ人虐殺の責任は、ホロコーストとして、長く歴史に刻まれる結果となった。ファシズムの語源発祥国イタリアが、意外と戦争責任問題を蒸し返されないのは、いち早く連合軍に降伏し、独裁者ムッソリーニを自ら処刑した経過も関係があるとはいいながら、ユダヤ人虐殺にかかわった度合いが、ドイツとは大きく異なるからである。それでもイタリアはユダヤ人迫害に協力した。

それに対し、日本はドイツやイタリアと同盟を組んだが、ユダヤ人迫害にはまったく関与していない。それどころか、杉原千畝のユダヤ人救出や満州国の民族政策の事実に見られるように、ユダヤ人と日本人とは古くから友好的な関係を続けてきた。この状況は、戦前・戦中・戦後もかわらず、日本で、もしホロコーストというなら、広島・長崎へのアメリカによる原爆投下を意味し、被害を受けた側の問題である。

以上の内容は、我が国の高校教科書レベルでも普通の理解力があればすぐわかるはずで、現在、日本の戦争責任と盛んに蒸し返されている事柄は、戦後アメリカが行った日本人への思想教育によって植え付けられた嘘やプロパガンダにほかならない。

日本の戦争責任が、今になって蒸し返されるのは、中国等東アジア諸国が自国の覇権主義や犯罪行為を覆い隠し、外交を有利に展開するための政治戦略を益々強めてい

『ニュールンベルク裁判』――法廷の場面。左端がバート・ランカスター

るからだ。最近の韓国文在寅政権の理不尽な対応は東アジア諸国の本音をあからさまに示しているといえよう。台湾をはじめ、日本の統治下にあった東南アジア諸国が、今では日本の戦争責任問題について言及せず、むしろ日本との友好に積極的なのを見れば、中国、韓国、北朝鮮の思惑はもはや議論の余地なく明らかである。

さて、ホロコースト問題は歴史の教訓として語り継がねばならないが、次章で広島・長崎の原爆投下映画を取り上げるので、ここではユダヤ人虐殺を扱った作品のみを紹介する。『灰とダイヤモンド』、『鉄の男』（81）等、ポーランド社会主義を痛烈に批判してきたアンジェイ・ワイダ監督は、一九九〇年代になってナチのホロコーストを批判する『コルチャック先生』(90)を制作し、その後すぐ『聖週間』(95)で同テーマを取り上げた。ハリウッドを代表する監督のスティーブン・スピルバーグも、衝撃的なホロコースト映画『シンドラーのリスト』を制作し世界中で大ヒットさせた。少し古くなるが、イタリアの監督ルキノ・ヴィスコンティは、六〇年代末に『地獄に堕ちた勇者ども』(69)でナチスの本質に肉迫している。

フランスでは、一九八〇年代にクロード・ラインズマンが長編ドキュメンタリー『ショア』(85)をつくり、ナチスの戦争犯罪を、証言者の言葉をかりて甦らせている。わが国でも一九九五年に一部限定上映され、九七年には完全版が上映された。どの作品も、戦争犯罪に対する怒りが観る者に迫って来る。

なかでも、ミステリ仕立ての『ミュージック・ボックス』(89)は、驚愕のラストが印象に残る傑作だった。物語は、一九八〇年代末のアメリカ、平和な日々を送っている父と娘に思わぬ不幸な出来事が巻き起こる。父親は五十年前、ハンガリーからアメリカへ渡って来たが、ハンガリー政府(ソ連・東欧体制崩壊直前の共産党政権)の調査によれば、同国在住当時、ユダヤ人虐殺に手を染めていた事実が判明したという。父親のラズロ(アーミン・ミューラー＝スタール)は、弁護士の娘アン(ジェシカ・

『ミュージックボックス』――父娘が立つ法廷でハンガリーの過去が暴かれる

ラング）を伴って検事局へ出頭する。検事のジャック（フレデリック・フォレスト）は、ラザロがさし出した握手を拒否。「去年、国連の倉庫でユダヤ人虐殺の事実が書かれた書類が発見された。君は市民権を失えば本国に強制送還されるだろう」と宣告する。

スクリーン上に映し出されるラズロは、穏やかな顔つきのどこにでもいる「おじいちゃん」といった雰囲気である。無実の老人を突然襲う恐るべき謀略なのか。検事たちを前にして、ラズロが抗議するセリフが印象に残る。「私は善良な市民だ。息子はヴェトナム戦争で戦ったし、娘は立派なアメリカの弁護士だ。これは共産主義者の報復である」。

ドラマの背景には東欧共産党政権の崩壊

とベルリンの壁開放という歴史的事件が存在している。この作品が制作されたのは、まさしく東欧民主化の真最中だった。監督のコスタ＝ガヴラスは、西側の軍事謀略や独裁政治を一貫して追求してきた社会派であるが、『告白』(69)という作品では共産党独裁体制をも糾弾した。『ミュージック・ボックス』でも、共産党政権が倒れる前のハンガリーの実態が描かれ、アメリカへ亡命した元KGBの中佐が裁判で証言するシーンがあるなど、共産主義体制への批判は明快だが、映画がえぐりだしたい政治悪はもっと別のところにある。むしろ、東欧共産党政権崩壊過程で生じているナチス勢力の台頭、ホロコースト免罪の動きに対する鋭い警鐘乱打なのだ。

一九四四年当時、ナチスドイツに支配されていたハンガリーには「矢十字党」と呼ばれたハンガリー人のファシスト組織があり、多くのユダヤ人を殺害した。その残虐なやり方はドイツ軍以上であったという。法廷で証言される当時の惨劇は気分が悪くなるほどだが、息詰まるサスペンスのためスクリーンから目が離せない。恐るべき事実が次々と明らかにされていく。半世紀前のユダヤ人虐殺。決して拭い去ることのできない戦争犯罪。制作側の厳しい人間観に、私はただ頭が下がる思いでスクリーンを見つめ続けた。

反ナチズム映画

それでは同章の最後に、近年数多く公開されたナチス関係の映画を中心にいくつか紹介しておく。これらの作品は、戦後六十年、七十年を期して生み出された反ナチズム映画といっていい。まずは、ヒトラーに関するもので、現代に総統が蘇ったらどうなるか。『帰って来たヒトラー』（15）は、戦争映画ではなく社会・文明批評風の現代劇だが、ナチス敗北後70年を期してドイツでつくられた。同種の作品が、ドイツ、オーストリアを中心にヨーロッパ諸国で制作されている点に留意すべきである。

イギリスの名優アレック・ギネスがヒトラーを演じた一九七〇年代の『アドルフ・ヒトラー／最後の10日間』（73・日本未公開）は、イギリスとイタリア合作。もっと古いハリウッド映画『独裁者の最後』（51）は、ヒトラーを殺した男が本人と入れ替わるミステリ仕立てのドラマだった。いずれもまだ総統の最後の状況がまだよく分かっていない時のものだが、近年の『ヒトラー～最期の12日間～』（04）は、歴史事実をつぶさに調べ、独裁者の最後を詳細に映像化している。本作もドイツとオーストリアの合作だが、二十一世紀に入り制作された同種の反ナチ映画『戦場のピアニスト』（02）、『ヒトラーの贋札』（07）、『愛を読む人』（08）、『ワルキューレ』『ヒトラー暗殺、13分の誤算』（15）、『手紙は憶えている』（15）、『否定と肯定』（16）等は、全て現在のドイツが単独か、他の国と協力して制作したシリアスな作品だ。ただし、トム・クルーズ主演の『ワルキューレ』は、典型的なハリウッド映画でアクション性の強いエンタテインメントだった。これは一九四四年のドイツ国防軍によるヒトラー暗殺事件を描いたものだが、同事件を扱った作品は、テレビドラマを含め近年いくつも制作されている。私がよく覚えているのは、小学生の時にテレビで観た『暗殺計画7・20』(55)。西ドイツ映画で、暗殺計画の中心となったクラウス・フォンシュタウフェンベルク大佐の役を、『史上最大の作戦』『パリは燃えているか』等のドイツ軍将校役で知られるウルフ・ガング・プライスが演じていた。

第五章　核戦争映画

静かな語り口の秀作――『原爆の子』

核戦争映画といえば、まず広島・長崎の原爆投下を描いた作品をあげるべきだろう。一連の原爆映画の中で最も有名なのが戦後しばらくたって製作された『原爆の子』である。アメリカ占領軍の検閲下につくられた『長崎のうたは忘れじ』(52)では描けなかった原爆の恐ろしさを、はじめてスクリーンに再現した作品として忘れることができない。

監督の新藤兼人は、残虐な被曝シーンをほとんど映像化していないにもかかわらず、一九四五年八月六日の広島の惨劇をスクリーンに結晶化することに成功している。核爆発の凄まじさは、どのような特撮技術を駆使しても、再現することは難しい。レーガン大統領時代、ハリウッドが制作した『ザ・デイ・アフター』(83)は、VFXを総動員して原爆の炸裂シーンをリアルにつくりあげているのに感心したが、それでも八月六日に広島市上空に立ち昇ったキノコ雲とは明らかに違う。あくまでもつくりものに過ぎない。新藤監督は原爆シーンをなるべく抑制し、戦後の被爆者たちの姿を静かな語り口で描くことで、逆にあの日の無残な広島の姿を浮き上がらせる巧みな演出をした。

ラストシーン、主演の乙羽信子が空をふと見上げると、雲の狭間から爆音が不気味に響いて来る。その低く唸るような音は、物語のはじめに出てくる広島に原爆を投下したB－29の爆音とまったく同じなのだ。爆音はますます大きくなる。不安な表情の乙羽を見ながら、観客席の一人一人が、原爆投下のイメージをふくらませるわけで、その惨状はつくりものの映像よりはるかに恐ろしい光景といえよう。残虐な場面を映し出せば、それで原爆の恐怖が客席に伝わるわけではない。

ところが、当時核兵器反対運動を強力に推し進めていた日教組(日本教職員組合)は、『原爆の子』に惨劇シーンがほとんど描写されていないことに不満を表明し、自らプロダクションを立ち上げ、映画『ひろしま』(53)を製作する。

関川監督の同作品は、文字通り被爆直後の地獄絵図が、広島市民の全面的な協力で再現されている。が、『原爆の子』を超えることはできなかった。現在、以上のような評価はほぼ定着している。『ひろしま』には、独立プロ時代の熊井啓もスタッフの一人として参加するなど、製作年代を考慮すれば評価する面も多々あるが、あえて『原爆の子』に対抗してつくる必要はなかった。なによりも日教組の映画芸術に対するお粗末な認識にはあきれる。また、映画をプロパガンダとしか見ない同組織の本質が、露わとなった出来事としても忘れてはならない。

私は、八〇年代末に製作された井伏鱒二原作の『黒い雨』（89）よりも、『原爆の子』の方が、映画としての出来は良かったと思っている。今村昌平監督の力作『黒い雨』は、被爆シーンが、撮影技術の向上により、克明に再現され、被曝者たちの姿などは、かなり正確に映像化されているように感じた。残念ながら、全体的な色調があまりにも暗すぎる。

それに比し『原爆の子』は、被曝の苦しみを乗り越えようとする庶民の姿が、日常生活の中で肩ひじをはらずに映し出されているため、逆に原爆の暗黒面が浮かびあがってくる。いかに本物に似せて描いても実写フィルムの迫力には勝てない。新藤監督はそのことを百も承知のうえで、『原爆の子』を完成したのであろう。広島の原爆資料館を、何度か見学した。展示してある原爆映画のスチール写真は、『原爆の子』だけであった。『ひろしま』や、我が国の「左翼」やリベラル派マスコミがもてはやす『はだしのゲン』(76)が展示されていない理由を、日本人ならば真剣に考えるべきだろう。

世界情勢と結びついた核戦争映画

前述した作品を含め、核戦争映画はその時の世界情勢と深く結びついている。わが国で原爆映画が製作された一九五〇年代初頭というのは、朝鮮戦争で苦境に立たされた米軍が、核兵器使用を主張し、極東で核戦争の危機が急速に高まった時期。新藤監督が『原爆の子』に続いて手がけた『第五福竜丸』(59)も、核実験の恐ろしさを通して、核戦争に対するアンチテーゼを積極的に突き出した。一九五四年製作の『ゴジラ』(54)が、核実験を背景とした怪獣映画であったのも注目すべきだ。学者役の志村喬がガイガーカウンターで、放射能を測定するシーンが出てくるが、ゴジラは、一九五〇年代に太平洋上で行なわれた核実験の結果誕生したモンスターだった。放射能を口から吐き出すゴジラは、その後繰り返し日本の大都市を破壊するわけだから、なんとも皮肉な話である。放射能に汚染された生き物が怪物となる物語は、ちょうど五〇年代のハリウッドで数多く製作されているが、これらのB級モンスター映画についてはもう少し後でふれる。

ハリウッドは朝鮮戦争時に『決戦攻撃命令』(52)という原爆映画を製作した。広島へ原爆を投下したB‐29(エノラ・ゲイ号)の機長とその家族を描いた作品で、朝鮮戦争での原爆使用が物議をかもした時期との関連でつくられたといわれる。ラストに広島市が機内から見えてくるあたりはなんとも重苦しいが、アメリカが原爆投下をどう考えているかを知る上でかっこうの一篇といえよう。第二次大戦後すぐに制作された『始めか終わりか』(47)も必見。こちらは、アメリカの原爆実験・開発を中心とした人間ドラマだが、『決戦攻撃命令』と同じく、広島原爆投下映像が最後に登場し、核兵器使用の正当性が語られる。

次に来る核戦争映画の高揚期は、一九六二年のキューバミサイル危機と密接なつながりをもつ。キューバ危機については、近年、さまざまな研究によって、事件の発端から結末まで、かなり詳しい真相がわかってきた。一九六二年、カリブ海で人類は実に危険な綱渡りを演じたといえる。この事件を背景に生まれたのが、スタンリー・キューブリック監督の『博士の異常な愛情』をはじめ、シドニー・ルメット監督の『未知への飛行』(63)やジョン・フランケンハイマー監督の『五月の七日間』である。これらはケネディ政権末期に製作され、キューバ危機の体験を踏まえて、核戦争の恐怖をリアルにスクリーンに映し出した。なかでも『博士の異常な愛情』は、ブラック・ユーモアをベースに米ソの首脳陣を笑いとばしながら、ついには全面核戦争で幕となる。ラストシーンにショックを受けた人も多いだろう。

核戦争によって世界が死滅してしまうストーリーは、スタンリー・クレイマー監督の『渚にて』で、早くも五〇年代末に映画化されている。原作はネビル・シュートの近未来SF小説。核戦争によってすでに北半球が全滅した後、放射能が南半球にもやってくる。地球上の人類が死滅する日が刻々と近づいてくる様子が、生き残った人々の日常生活を通しリアルに映像化されていた。

アメリカの原子力潜水艦から潜望鏡で、サンフランシスコ市街を見るシーンには息をのむ。市街はまったく人気がなく、まるでゴーストタウンのようである。誰もいない無線室で、風に吹かれたコーラの瓶が発信機に触れ、むなしく送信し続けているシーンが鮮烈な印象を残す。スタンリー・クレイマー監督は、特撮技術が未熟な時代に様々な撮影方法を駆使し、格調高く人類の終末を創造した。この核戦争映画も米ソ冷戦の影響下で生まれたといえよう。

我が国でも、キューバ危機の直前『世界大戦争』(61)という核戦争映画が、円谷英二の特撮技術を総動員して製作された。『空の大怪獣ラドン』(56)や『地球防衛軍』(57)のような東宝特撮映画を期待して劇場へ出かけたが、暗いドラマだったのでガッカリした記憶がある。ミニチュアシーン等優れた映像があったとはいえ、日本の「反戦・平和」映画的色彩が濃厚で、主演のフランキー堺の大げさな演技、ひきつったような表情がなぜか脳裏に焼き付いている。この作品も、冷戦が熱い戦争に転化しそうな情勢の中で生まれたわけだが、どこの国が敵で、どのような紛争がきっかけで戦争になるのかが、さっぱりわからず、現実感覚に乏しい。日本がやみくもに戦争に巻き込まれていくので、戦争ドラマとしても説得力に欠ける。

次の核戦争映画の高揚期は、一九八〇年代前半のレーガン大統領時代。それ以前は、ミカエル・カコヤニス監督の『魚が出て来た日』(67)が、核を積んだ爆撃機の墜落事故をドラマ化し、『猿の惑星』が、ラストに核戦争で死滅した地球の姿をショッキングに視覚化するなど、話題となったことはあるが、核戦争そのものを中心テーマにした映画はなかった。

一九八一年に合衆国大統領に就任したロナルド・レーガンは、ソ連がアフガニスタンへ公然と侵攻する等攻勢を強める中で、限定核戦争構想を掲げ、ソ連への対抗措置を鮮明に打ち出した。米ソ関係は再び冷戦時代に逆戻りして、東西の関係が一挙に緊張し、当時の国際情勢を反映して、八〇年代には核戦争をテーマとした話題作が公開されている。

その筆頭に位置しているのが、『ザ・デイ・アフター』。もともとはテレビ用映画として製作されたが、テレビ放映で高視聴率を得たため劇場公開された。ドラマの中心は、タイトルにあるように「その翌日」からのお話。つまり、核戦争後に生き残った人々の姿を描いているわけだが、見どころはむしろ、核戦争が始まるまでの過程や核爆弾が炸裂するシーンにあり、まぶしいほどの閃光とともに立ち昇るキノコ雲が、なかなか良くできていた。平和なアメリカの田舎町に降りそそぐ核ミサイルの雨が、リアルなドラマ構成とVFXの相乗効果によって、観客席を恐怖のどん底にたたき落とす。

以上のように、『ザ・デイ・アフター』はタイトルとは裏腹に、核戦争が始まるまでの方が断然迫力があった。後半はむしろ放射能や核爆発について制作側の認識不足が露呈して、マイナス部分がめだつ。核戦争後の惨状をVFXだけで本物らしく見せるには、どうしても限界がある。

ブラック・ユーモア

ところで、新藤監督の『第五福竜丸』に映し出される被曝後の船員たちが、いま見るとあんがい明るいのに驚かされる。キューブリック監督の『博士の異常な愛情』も、人類滅亡の深刻なテーマにもかかわらず、喜劇仕立てになっていた。世界の破滅を映画化するには、残虐性を強調するよりも被害者の明るさを描写するか、あるいはブラック・ユーモアという方法がむしろ効果的なのかもしれない。

当時核戦争後の姿を最も説得力のある映像で描いたのは、アニメーション映画『風が吹くとき』（86）ではないか。物語は、核戦争まであと三日しか残されていないイギリスのある田舎が舞台。平和でのんびりした田園風景に、人生の黄昏を迎えた主人公の老夫婦が完全に溶け込んでいたのに加え、吹き替えた二人の声（森繁久彌と加藤治子）の会話

『風が吹くとき』——核戦争後の惨状を克明に描く

が絶妙で、いつの間にか画面の中に引き込まれてしまう。老夫婦は、前回の戦争体験から核戦争のイメージをそれなりにもっていて、マニュアル本を参考にしながら、老夫が一人で核シェルターをなんとかつくりあげる。老婦の方は、料理をしながら、「壁のペンキをはがさないで」等と悠長なことを言い、ともかく二人のやりとりは、核戦争が目前に迫っているという雰囲気ではない。どうやら、老夫婦が考えている戦争とは、第二次大戦時に経験したドイツ軍の爆撃をイメージしていることが、ドラマの進行とともにわかってくるので、そんな呑気な会話もけっして宙に浮いたものにはならない。

実は、この現実と少しずれた会話が、一番の見どころとなっている。核戦争がついに始まってしまうが、爆心地から離れていたのとシェルター内に身をひそめていたことで、老夫婦は偶然生き残る。当然、あたりは死の灰が雨のように降りそそいでいるので、二人は数日後には死を迎えることになるわけだが、画面は、放射能が老人たちの身体を徐々にむしばむさまを克明に映し出していく。髪の毛が抜けたり、斑点ができたり、顔がやつれていく惨状をこれほどはっきりと描くことは、アニメーションにしかできないだろう。

老夫婦のやりとりは、死ぬ直前まで現実と少しずれて、ユーモアを交え繰り返される。お互いをかばい合い、「歯ぐきから血が出ているのは年のせいだ」とか、本当とも嘘ともつかないことをしゃべりながら、二人は静かに最後の時を過ごしていく。ラストシーンは、まったく悲劇的であるにもかかわらず、観客はスクリーンから目を背けることなく、核戦争の恐ろしさを心の奥に刻むことができるわけだ。

暴かれる核被害

『風が吹くとき』と同じくイギリスで制作された『スレッズ』（84）という作品は、核戦争の恐怖を描いたテレビ映画。レーガン政権の限定核戦争構想によって、戦術核兵器使用の可能性が高まった時につくられた。ヨーロッパでは、東西に配備されていたアメリカのパーシングⅡやソ連のSS20のことが連日マスコミで取りあげられ、戦術核兵器の使用が、現実の日程にのぼりつつあった。その恐怖感が、ヨーロッパで反核映画を製作するきっかけとなったといえよう。

が、ここで注意しておく必要があるのは、当時反核運動の背後で大きな力を発揮したKGB等ソ連情報機関による裏工作である。かつて、わが国のヴェナム反戦運動にも、日本にあるソ連大使館と結んだソ連派の革命組織が暗躍していたのは、今では当事者たちの証言でわかっているが、同種の運動には、常に共産主義諸国のスパイ工作の手が伸びていた歴史を忘れてはいけない。耳触りの良いスローガンを掲げた運動には絶対注意が必要である。

また、この時期は、ハリウッドでも『ウォー・ゲーム』(83)というSFまがいの核戦争映画がつくられた。核ミサイルのボタンを押すのは人間ではなく、コンピューターに任せたらどうなるか。ある日、肝心のコンピューターが、突然狂い出し、勝手に全面核戦争のシミュレーション・ゲームを始めてしまう。アメリカ政府と軍部が、コンピューターが開始した核戦争ゲームに翻弄されるさまを、皮肉を込めて描写した娯楽作だが、やはり核戦争に対する危機感の高まりによって生まれた。

次に核戦争映画が数多く製作されるようになるのは、一九八〇年代末からである。この時期は、東西の冷戦構造が崩壊し、戦争の危険はそれ以前の時代に比べ格段に減少した。そのことが、なぜ核戦争映画製作に結びつくのかというと、ソ連・東欧の社会主義が自滅してしまうため、西側諸国にとって、核兵器に関わる事柄がそれまでのように極秘事項でなくなったからである。ソ連・東欧の共産主義体制が盤石な時には、完全に秘密のベールに包まれていた各国の核兵器開発問題が、オープンに出来るようになった。

かつては、議論することさえ難しかった「赤狩り」や「ケネディ暗殺」等、アメリカの恥部ともいうべき出来事が、ハリウッドで相次いで映画化されたのも同じ流れといえよう。例えば、テレビ映画『ナイト・ブレイカー』(89)が、核実験の真実を知らない人々に衝撃を与えた。一九五〇年代のネバダの砂漠で、アメリカが核実験を繰り返していたのは、今では有名な話だが、アトミック・ベテランズと呼ばれる核実験のモルモット同然のあつかいをうけたアメリカ兵たちの実態については、まだベールに包まれたところが少なくない。

我が国でも放射能防護服なしで、キノコ雲に向かっていくアメリカ兵たちのドキュメンタリーフィルムがテレビ放映されたのをはじめ、『ヒバクシャ・インUSA』(春名幹男著、岩波新書)等の本には、核実験のため被曝した兵士やネバダ住民の惨状が詳しく書かれてある。同地域で映画撮影をしていた多くのスターやキャストが被曝のため亡くなったということも、アメリカ国内ではかなり以前から話題となり、本も出版されていた。

『ナイト・ブレイカー』は、そのネバダ核実験で被曝したアメリカ軍人のドラマ。映画は、VFXを使った核爆発シーンから始まる。若き日の主人公(エミリオ・エステベス)が被曝し、恋人(リー・トンプソン)と別れる悲劇的シーンも映し出される。放射能の恐怖をハリウッドが描くようになったのは、一九八六年のチェルノブイリ原発事故の影響もあるだろう。チェルノブイリ事故の前と後では、放射能に対する考え方は、百八十度変わったといってよい。古くは原爆実験映画『始めか終わりか』を筆頭に、原子力発電所の事故をあつかった『チャイナ・シンドローム』(79)や『シルクウッド』(83)なども被曝の恐ろしさを描いていたが、まだアメリカ人の意識を根本的に変えるまでにはいたらなかった。

『ナイト・ブレイカー』と同じ年に製作されたポール・ニューマン主演の『シャドー・メーカーズ』(89・日本未公開)は、広島・長崎に投下された原爆の製造・実験をめぐる実話の映画化。この作品でも、原爆製造中の事故で被曝し、死亡するアメリカ人の姿が生々しく描写されている。ヒバクシャは日本人だけではない。

他方、ソ連の悪行は、今やほとんど明らかになっているとはいえ、プーチン大統領のような元KGB幹部が国民の絶大な支持を受けるお国柄である。ソ連の核政策の真実が暴露されるには、まだまだ時間がかかるだろう。第二次大戦中の対独戦英雄譚が、数多く映画化されているにもかかわらす、未だにソ連時代の核問題を扱った作品は製作されていない。ただし、ハリウッドが制作した『K-19』やテレビミニシリーズ『チェルノブイリ』のような核事故を扱った作品は別で、今のロシア自身がつくっていないという意味である。

イギリスの核実験については、オーストラリア映画『グランド・ゼロ』(88)が、サスペンスタッチで、その恐怖を映像化した。実験場近くに住んでいる原住民アボリジニは、核兵器に対する知識をほとんどもたず、他に住む場所がないため、放射能汚染で次々と死んでいく。核実験で荒廃した砂漠シーンは、この世の終末を思わせる。その他同テーマの作品が、一九九〇年代に相次いで公開された。ジェシカ・ラング主演『ブルースカイ』(94)、ニック・ノルティ主演の『狼たちの街』(96)等。

核モンスターたち

さて、この章のしめくくりに、核分裂エネルギーによって生まれたモンスターたちについて書くことにしよう。日本の『ゴジラ』についてはすでにのべたが、ハリウッドも数多くの原子怪獣を量産している。ハリウッドでは、古くから『魔人ドラキュラ』(31)、『フランケンシュタイン』(31)、『ミイラ再生』(32)等の怪奇・モンスター映画をユニバーサルが中心となって手がけてきた歴史がある。ベラ・ルゴシやボリス・カーロフ等の怪奇役者が、ドラキュラやフランケンシュタインに扮して活躍したのは、一九三〇年代から一九四〇年代。一九五〇年代からは、英国のハマーフィルムが、クリストファー・リーやピーター・カッシング主演の新しいドラキュラやフランケンシュタインシリーズをつくり始める。この流れは七〇年代まで続く。

ちょうどこの転換期に、大手のユニバーサルに代わって、独立系の映画会社AIPが低予算のモンスターものをせっせと世に送り出していた。その中に、同ジャンルファンによく知られているB級映画『原子怪獣と裸女』(56)というモンスター作品がある。核戦争後、まだ放射能に汚染されていない谷底に偶然生き残った七人の男女の物語。ドラマのプロットだけ聞くと、シリアスな核戦争サバイバル劇を思い浮かべてしまうが、ようするに、放射能を大量に浴びた人間が原子怪獣となって暴れまわるB級モンスター映画。しかも、公開されたのは、ワーナー・ブラザースが『原子怪獣現る』(53)や『放射能X』(54)を製作してから数年が経過し、核分裂の力によって生まれた怪物という設定自体が二番せんじに過ぎないものだった。

AIPは、五〇年代末にプルトニュウム爆弾の実験中に被曝した軍の将校(ハーバート・ロム)が、巨人に突然変異して、暴れまわる『戦慄!プルトニウム人間』(57)を製作。五〇年代といえば、例のネバダ砂漠で、実際に核実験が繰り返されていた時で、制作側が意図していたかどうかは別として、これらの作品が、核開発競争に対して間接的なアンチテーゼとなっていた。

今、DVD等で観かえすと、セリフの中で核兵器に対する批判が繰り返し語られていることに気づく。あのエド・ウッド監督の『怪物の花嫁』（55）にさえ、そんなたぐいのセリフが出てくる。ハリウッド映画の主流が、アメリカンドリームやフロンティアスピリッツを謳歌していた時代に、異端視されていたB級モンスターフィルムの製作者たちが、核開発競争を非難し、揶揄する映画を何本も世に送り出していた事実は、まさに歴史の皮肉といわねばならない。

第六章　ヴェトナム戦争映画

ヴェトナム戦争映画の系譜

さて、戦争映画が現在のようなリアルな描写になったのは、何度も指摘して来たように、一連のヴェトナム戦争映画からで、背景にある世界情勢の劇的な変化が関係している。一九七九年、ソ連のアフガニスタン侵攻によって、七〇年代になんとか維持されていた緊張緩和は米ソ新冷戦時代へと一挙に移行。そのためアメリカでは共和党のレーガン政権が誕生し、ソ連への攻勢を強めたので、ソ連共産党は、これまでの指導者とは全く違うタイプのミハエル・ゴルバチョフを書記長に選出し対抗した。が、結局そのニューリーダーが共産主義体制を崩壊へと導いてしまう。

ゴルバチョフがソ連共産党書記長に就任した直後、一大センセーションを巻き起こ

『グッドモーニング，ベトナム』——米軍のDJを演じたロビン・ウィリアムズ

した『プラトーン』が全米で公開され、ヴェトナム戦争映画に決定的な転機をもたらす。本作は、それまでのハリウッド映画（『ランボー／怒りの脱出』〔85〕等）と違い、徹底したリアリズムタッチで戦場を再現し、ヴェトナム人を薄気味の悪いアジア人ではなく、血の通った人間としてスクリーンに映し出した。中でもアメリカ軍の戦争犯罪を鋭く告発したことは特筆すべきだ。

ゴルバチョフのソ連が、アメリカにとって脅威でなくなり、共産主義体制の恐怖が薄れていく中で、ハリウッドも自国の恥部をさらけ出すことが可能となった。『プラトーン』の翌年に製作された『グッドモーニング・ベトナム』〔87〕では、ヴェトナム解放軍兵士は、早くも悪玉でなくなっている。続く『カジュアリティーズ』(89)は、米軍兵士の犯罪を扱っているが、残念ながら都会派コメディで知られるマイケル・J・フォックスにはなんとも場違いな戦争映画だった。ハリウッドは、まだヴェトナム問題を十分に消化しきれていないせいか、これらの作品はどこか嘘っぽい。

他方、オリバー・ストーン監督が人気スター、トム・クルーズを起用し、ヴェトナム戦争で障害者となった元米軍兵士コービックの実話を描いた『7月4日に生まれて』(89)は、迫力のある反戦映画に仕上がった。

ストーン監督は、さらに『プラトーン』『7月4日に生まれて』の悲劇を生み出した根源に遡り、戦争のエスカレーションを裏面から描いた『JFK』(91)をつくりあげる。戦場シーンは、ニュースフィルム以外は一切出てこないにもかかわらず、このケネディ暗殺を描いた政治ミステリが、ヴェトナム戦争をテーマにしているのに異論はなかろう。

そこでヴェトナム戦争映画の歴史を簡単に振り返ってみると、まずハリウッドが同戦争を初めて取り上げたのは、ジョン・ウェイン監督・主演の『グリーン・ベレー』(68)だと一般に思われているが、私の記憶だけでも、それ以前に二本の作品がある。一本は、マーロン・ブランド主演の『侵略』(63)。この作品は早くもケネディ暗殺事件の年につくられたが、東南アジアの分裂国家サルカンという架空の国が舞台で、一見してヴェトナムがモデルとわかる。

日本人俳優岡田英次扮する南サルカンの民族独立指導者が、知らず知らずのうちに、北サルカン軍やソ連や中国の共産主義者に操られているという筋立て。アメリカ大使（マーロン・ブランド）は、かつて南サルカンの民族独立運動を支援していたが、共産主義者が裏で糸を引く新しい民族運動にしだいに敵対するようになっていく。その変化は、大使が南サルカンの空港に到着した際、デモ隊に取り囲まれるあたりから始まる。

興味深いのは、空港内に入り込んだデモ隊が、日本人のようにジグザグデモを行うシーン。この場面は、一九六〇年六月、羽田空港で起きたハガチー事件を想起させる。アイゼンハワー大統領訪日準備のため、来日した大統領秘書ハガチーは、羽田空港付近でデモ隊に取り囲まれ、米海兵隊のヘリコプターでからくも脱出した。同事件は、日米安保条約に反対する共産主義勢力（全学連反主流派＝日本共産党や構造改革派のメンバーが中心）によって引き起こされたが、アメリカでは「日本にとって不平等だった旧安保条約を、平等化するのになぜ反対するのか」と日本左翼の奇怪な行動を訝る声が起こった。多分、ハガチー事件で共産主義勢力が果たした役割とアジア人に対する偏見が重なり、映画の空港デモシーンが生み出されたのだろう。本作はヴェトナム戦争に対するアメリカの考え方を知る上で極めて重要である。

なお、『侵略』の原題は『醜いアメリカ人』だが、これは反語になっていて、本当に醜いのはアメリカ人ではなく、共産主義者というわけだ。アメリカ政府の東南アジア政策を正当化しようとする典型的な反共映画。同タイプのハリウッド作品は、朝鮮戦争を舞台とした一九五〇年代のB級戦争アクションによく見られた。これらの朝鮮戦争映画は、『侵略』のように共産主義者の狡猾さをあからさまに描いてないが、共産軍が得体の知れない悪玉として登場する構図は共通している。

時代認識が乖離していた『グリーン・ベレー』

実のところ、不気味なアジア人を映像化したハリウッド映画のルーツは、残虐非道な日本軍の出てくる戦意高揚作品まで遡ることができる。一昔前のアメリカ人には軍国主義やコミニュズムより、得体のしれないアジア人といった観点の方が重要な意味を持っていた。これは、思想や国家体制の違いではなくアジア人に対する蔑視ではないか。

一九六三年の時点では、アメリカ人のヴェトナム認識は浅く、ハリウッドの戦争映

『グリーン・ベレー』――ジョン・ウェイン（左）とデヴィッド・ジャンセン

画も朝鮮戦争を題材にしたものが、まだ数多く公開されていた。そんなこともあり、ゲーリー・ロックウッド主演の『裏切り部隊』（64）を観た時、私は舞台がヴェトナムと分からず、朝鮮半島だと完全に思い込んでいた。夜のシーンがやたら多いうえに、ほとんどがセット撮影のため、B級の印象が強い。アメリカ人にとっても、ヴェトナムはまだ遠い異国だった。

『グリーン・ベレー』は、ヴェトナム戦争が泥沼化し、世界的に反戦運動が高揚した一九六八年に公開されたが、もはやヴェトナムは太平洋を隔てた見知らぬ異国ではなく、毎日のテレビニュースで身近に感じられる国に様変わりしていた。この作品は世の中が大きくチェンジしていた時代に、古き良きアメリカの夢を再現しようとして、無残に敗退した戦争アクションだったといえよう。ジョン・ウェインの時代認識が現実と乖離し、世論の批判を浴びた。

映画の冒頭では、米軍のヴェトナム軍事介入に批判的な新聞記者（デヴィッド・ジャンセン）が、戦地での悲惨さを見聞するうちにいつのまにか好戦派へと転向。同新聞記者とヴェトナム人少女との交流エピソードは、後に少女を惨殺する解放軍兵士の非道さを示す道具立てに過ぎない。しかも、少女に扮しているのが白人だとすぐわかってしまうため、なおさらしらけてしまう。

ジョン・ウェイン演じる大佐は、まるで騎兵隊映画に出てくる指揮官のごとく部下思いの勇猛な軍人。南ヴェトナム政府軍の若い将校は、騎兵隊に雇われたインディアン（先住民）斥候兵そのままで、敵と果敢に戦う殺人のプロである。本作は、反共映画というより、アジア人に対する偏見がむき出しになった戦争アクションというべきではないか。

また『グリーン・ベレー』は、アメリカ人のフロンティアスピリッツが、もはや古臭くなってしまったのを露わにした点でも重要な意味をもつ。『駅馬車』（39）や『荒野の決闘』で、フロンティアスピリッツを謳歌してきたジョン・フォード監督を師と仰ぐジョン・ウェインは、フォード西部劇のスタイルを真似て『アラモ』を製作。ところが、巨額な私財を投じたにもかかわらず、結果は思わしいものではなく、テキサス独立という典型的なアメリカ開拓者魂の物語が、時代の流れに取り残されていた。一九五〇年から一九六〇年代にかけ、黒人公民権運動が高揚し、それをきっかけに白人以外のマイノリティが自己の権利をつぎつぎと主張し始めていた。メキシコ人を排除した「アラモの砦」自体が時代遅れとなり始めていたのである。白人によるマイノリティ迫害の歴史が明らかになる中で、ハリウッド映画も変貌せざるを得ず、とりわけ少数民族であるインディアンを悪玉扱いしていた西部劇の衰退は著しい。

そんな時代、『アラモ』にもまして時代に逆行した『グリーン・ベレー』は、世論から厳しい指弾を浴びた。同作品の失敗後、当分の間ハリウッドは、どのような立場であれ、ヴェトナムの戦場を直接舞台にするのを避け、ヴェトナム戦争は間接話法で映像化されるようになる。一つは、西部劇というスタイルで、もう一つはヴェトナム帰還兵のドラマという形で。

ヴェトナム戦争を間接的に描いた「西部劇」と「帰還兵の物語」

まずヴェトナムの戦場を大西部に置き換えたのが、『ソルジャー・ブルー』(70)。

監督のラルフ・ネルソンは、かつて『砦の29人』（66）で、インディアンを残虐非道な野蛮人として描いたが、『ソルジャー・ブルー』では、インディアンと白人の立場をちょうど逆転させている。血に飢えた殺人鬼は騎兵隊の方だ。

一八六四年、コロラド州サンドクリークで実際に起こった騎兵隊によるシャイアン族大虐殺事件の映画化。同西部劇が制作された一九七〇年は、ヴェトナムソンミ村虐殺事件（一九六八年）報道が世間を騒然とさせ、アメリカ軍の侵略行為が世界中で非難の的になっていた。日本での公開が一九七一年二月であるから、四ヵ月後にはニューヨークタイムズ紙が、ヴェトナム秘密報告書（ペンタゴンペーパーズ）の記事を連載し始める。まことにタイムリーというべきだ。

ハリウッドの西部劇は、古くから時々の政治的立場を、間接話法で表現して来た歴史があって、そのことは『壮烈！第七騎兵隊』や『リオ・グランデの砦』等を例にあげ詳しく分析したが、『ソルジャー・ブルー』も同じである。

次に、ヴェトナム戦争映画のもう一つの流れ、ヴェトナム帰還兵ものについて述べることにしよう。ハリウッドは、既に第二次大戦に従軍した復員兵映画を制作している。それまで、日本やナチスドイツとの戦いをドラマ化したものは、残虐な敵と戦った兵士たちを英雄として描くのが当たり前だったが、ハリウッドの赤狩りに抵抗した監督のウィリアム・ワイラーは、『我等の生涯の最良の年』（46）で、第二次大戦後いち早く復員兵を戦争の犠牲者として、スクリーンに映し出す先駆的な仕事を残した。

さて、ヴェトナム帰還兵映画は、偶然にも同じ赤狩りの犠牲となったエリア・カザン監督の『突然の訪問者（The Visitors）』（72・日本未公開）に始まる。カザンは非米活動委員会に協力し、仲間を裏切った罪悪感のせいか、政治圧力に屈した負い目のせいか、赤狩り後に制作したフィルムはどれも重苦しい（『エデンの東』〔54〕等）。『突然の訪問者』も、ヴェトナム帰還兵が若妻をレイプする陰鬱なドラマだった。

本作と同じ年に製作された『ソルジャー・ボーイ』（72）は、似たようなプロットのヴェトナム帰還兵ものだが、出来は遥かにいい。物語はヴェトナム帰りの四人の若者が、周囲から冷たくあしらわれ、ついに怒りを爆発させる。四人は車のガソリン代を払えなくなったことをきっかけに、戦地から持ち帰った自動小銃を乱射し始め、州兵や警官隊を相手に銃撃戦を繰り広げているうちに、自分たちが戦場にいる錯覚にとらわれてしまう。ドキュメンタリータッチのラストシーンを含め、若者たちの様子から、ヴェトナム戦争が不正義の戦いだったことが暗示される。

シドニー・ルメット監督の『狼たちの午後』（75）では、銀行ギャング一味の中にヴェトナム帰還兵と分かる人物がいる。翌年に制作された『タクシードライバー』の主人公ロバート・デ・ニーロの役もやはりヴェトナム帰りのため、社会の片隅で生き続けなければならない。

そして、同系譜の頂点に位置するのが、『帰郷』(78)ではないか。ドラマは、愛する夫(ブルース・ダーン)を戦場に送り出した妻(ジェーン・フォンダ)が傷病兵の看護活動に参加する中で、車イスの帰還兵(ジョン・ヴォイト)と知り合い、いつしか愛し合う仲に。やがて戦地から帰って来た夫は、二人の関係に気づき、そのショックと戦場でのダメージが重なって自殺。ヴォイト演じる帰還兵が、自らの罪を若者たちに語っているシーンで、映画はエンドマークとなる。

ヴェトナム帰還兵の反戦運動を予感させる印象深いラストは、後にオリバー・ストーン監督の『7月4日に生まれて』のジョン・コービックの物語につながっていく。『帰郷』は地味な内容であったが、当時のポストヴェトナム論の高まりを背景に、アカデミー賞三部門を獲得。同作品は、アメリカ国民のヴェトナム戦争認識を改める上で、大きな役割を果たした。が、国内での描写が中心で、アメリカ軍の殺りく行為は映像の背後に依然隠されたままだったので、観客は客席のシートに安心して身をうずめていることができた。

『ディア・ハンター』――主演のロバート・デ・ニーロの鹿狩りシーン

突きつけられた戦場の狂気――『ディア・ハンター』『地獄の黙示録』

だが、そんな余裕も同年につくられた『ディア・ハンター』（78）によって打ち砕かれてしまう。戦場の生々しい姿がスクリーンに映し出されたからである。ただ残念なことに、それらのシーンは真実への接近とはならなかった。本作は戦地におもむくまでの前半と、戦場での生き様を描く後半とが、極端に均衡を崩す不安定な戦争映画というべきで、実をいえば、このバランスの悪さは、作品の本質と関係がある。

主人公のロバート・デ・ニーロらは、アメリカ北部の鉄工所で働くロシア系移民、前半はデ・ニーロら五人の若者たちの日常と、仲間の結婚式までの平和な生活がきめ細かく濃密に描写されていく。中でも結婚パーティシーンは圧巻。これから戦地に出発する若者たちの不安感を、エネルギッシュで歓喜に満ちたムードが、逆にくっきりと浮かび上がらせ、盛り上がりを見せる祝祭の場面は、目前に迫った地獄絵図の鮮やかな序曲となっている。それに比して、ヴェトナム解放軍兵士がアメリカ兵捕虜に行なうロシアンルーレットのくだりは、戦場の狂気を表現するためだったのだろうが、最大の欠陥部分となってしまった。同シーンは、解放軍兵士の非人間性を強調するものとしか見えない。戦場の狂気や恐怖を表すだけなら、他に方法はいくらでもあったはずである。

前半、故郷でのドラマは、ヴェトナム帰還兵映画としてベストといえるが、後半、ロシアンルーレットシーンが、全体の評価を引き下げている。解放軍兵士による唐突な拷問が、せっかくの優れたリアリズム感を台無しにしてしまった。アメリカの非を認めたくない意識が、後半の混乱した映像を生み出したといえよう。

問題なのは、『ディア・ハンター』の中にある自己正当化の意識が、後にランボーシリーズとなって、そのマイナス面が増幅、拡大されたことだ。『ディア・ハンター』はいわば、分岐点にあるヴェトナム戦争映画だった。ハリウッドが自戒の方向に向かうのか、自己弁護と居直りの道へ踏み出すのか、この作品が分かれ道となってい

『地獄の黙示録』――初めてヴェトナム戦争の真実に肉迫した作品

る。

戦場の狂気や恐怖を真正面からとらえ、ヴェトナム戦争の真実へ大きく前進したのは、翌年公開されたフランシス・コッポラ監督の『地獄の黙示録』だった。本作は初めてヴェトナムの戦場から目を背けることなく、真実に肉迫した作品として、長く映画史に記憶されるだろう。随所に、アメリカ軍の侵略性がシンボライズされ、自己正当化はほとんど見られない。が、ジャングルの奥地に自らの王国をつくりあげるカーツ大佐（マーロン・ブランド）のエピソードは、映画的レトリックとして優れているとはいえ、ラストになってテーマが戦場のカオスへと向かい、その深淵に迷い込んでしまう。同カオス状況は、一九八〇年代に入って、相反する二つの戦争映画となってきれいに浄化される。

自己正当化の流れを代表するのが、『ランボー』シリーズだ。それでも、一作目はヴェトナム帰還兵の苦悩がある程度反映されて、いい部分もあったが、二作目の『ランボー／怒りの脱出』ともなると、朝鮮戦争を舞台とした作品以上のB級映画ぶりが際立つ。もはや、それ以前のハリウッド作品にあったアメリカ兵への鎮魂歌もなければ、フロンティアスピリッツの片鱗さえ見られない。ひたすら居直りを決め込む姿が、愛国的ヒロイズムにすり替えられているだけである。

『プラトーン』が初めて描いた戦場の真実

それに対し、一本のヴェトナム戦争映画が、真実に接近していく流れを生み出す突破口となった。一九八六年に制作された『プラトーン』は、ヴェトナムで戦闘に参加したオリバー・ストーンが、自らの体験に基づいてつくりあげただけに、戦地でのアメリカ兵の姿を嘘偽りなく捉えている。登場する解放軍兵士は、ハリウッド映画にいつも登場するステレオタイプ化されたイメージとはまったく違う。ドラッグに溺れる塹壕内のアメリカ軍兵士を見ながら、帰還兵たちは、「これこそ俺たちの映画だ」と直感した。

『7月4日に生まれて』――実在のヴェトナム帰還兵をモデルにした作品

以後、同ジャンルは、『ハンバーガー・ヒル』(87)、『フルメタル・ジャケット』『カジュアリティーズ』『ジャック・ナイフ』(89)と続く。そして、オリバー・ストーン監督の『7月4日に生まれて』が、ヴェトナムの戦場を一瞬のカットの中に鮮烈に再現。ジョン・コービックという実在する帰還兵をモデルにしたこの映画は、凄惨な戦場シーンが映し出されるため、かつての帰還兵ものとは一線を画す。ジェーン・フォンダ主演の『帰郷』と似たようなショットもあるが、ヴェトナムの砲声は、もはや遠方から聞こえてくるのではなく、アメリカ国民の目の前で轟音を響かせている。

『地獄の黙示録』『プラトーン』をきっ

かけにリアルな戦争描写に様変わりした事実は、ヴェトナム戦争の実態がヴェトナム秘密文書等によって暴露され、アメリカ合衆国の戦争観が大転換したのを意味していた。それ以前の戦争（第一次大戦、第二次大戦、朝鮮戦争等）のように、アメリカ参戦の正当性を正面から主張できなくなったため、ハリウッドの戦争映画は新しい地平に立つことになった。

以後制作された『プライベート・ライアン』『シン・レッド・ライン』『スターリングラード』（01）、『フューリー』『ハクソー・リッジ』『ダンケルク』等第二次大戦を舞台にした作品をはじめ、『ブラックホーク・ダウン』『ハート・ロッカー』（08）、『グリーン・ゾーン』（10）、『アメリカン・スナイパー』『ゼロ・ダーク・サーティ』（12）等ソマリア内戦、アフガン・イラク戦争を背景とした作品も全て臨場感溢れる戦闘シーンが映像化されている。そう考えると、ヴェトナム戦争はハリウッド戦争映画の歴史を決定的に変えたといえるだろう。

第七章　その他の戦争映画

戦争映画の分類

当初、この章では、一章から六章の分類ではおさまりきれない戦争映画を取り上げるつもりでいた。たとえば、『戦争と平和（米＝伊）』（56）、『遥かなる戦場』（68）、『ワーテルロー』（69）などの戦争史劇は、時代が古すぎるので、本書の基本とする戦争（第一次大戦・第二次大戦・朝鮮戦争）の範疇には入らない。

一九七〇年代にアメリカで出版されたTHE WAR FILMという戦争映画の本をめくってみると、『戦争と平和』もリストアップされているので、その線にそってセレクトしようとしたが、調べていくうちにどの時代までの戦争に限定すればいいのかわからなくなってしまった。まさか、『ローマ帝国の滅亡』（64）や『スパルタカス』までさかのぼることはできないだろう。それなら『ヴァイキング』(58)、チャールトン・ヘストン主演の『大将軍』(65)はどうか。線引きは容易ではない。THE WAR FILMでは、ナポレオン戦争だけでなく、米西戦争やアメリカ南北戦争までとりあげているから、益々混乱してしまう。結局、『戦争と平和』など、第一次大戦前の作品はリストアップしないことにした。サム・ペキンパー監督の『ワイルドバンチ』は、第一次大戦直前のお話だから、このあたりがボーダーライン。無論制作年代との関連や戦争映画のアナロジーとして分析のために列記した西部劇は別である。

そこで、キネマ旬報社が、一九九五年に発行した『戦争映画大作戦』の選択が比較的スッキリしているので、その一覧表を参考にした。ところが『戦争映画大作戦』のリストには、『戦争と平和』やコスタ＝ガヴラス監督の『戒厳令』(73)、それに『トイ・ソルジャー』(91)等、サスペンスや現代アクションのジャンルに入れた方がいいようなものまで含まれている。以上のような問題もあるが、ともかく、同リストをベースにしながら、一章から六章までに取り上げることのできなかった映画を拾い集めた。

まずは、朝鮮戦争以後、世界各地で繰り広げられた局地戦・内乱を題材とした作品群。ジャック・カーディフ監督の『戦争プロフェッショナル』(68)は、アフリカのコンゴ内乱を背景とした戦争アクションだが、カーディフ自身数多くのイギリス映画を手がけた優れた撮影監督出身だけに、シャープな切れ味のカメラワークがドラマとうまくかみ合い、独特な雰囲気を醸し出している。アフリカが舞台の『ワイルド・ギース』(78)も同じく傭兵が主人公のイギリス映画。フランスのアルジェリア戦争を題材とした『名誉と栄光のためでなく』(66)は、アラン・ドロンやクラウディア・カルディナーレ等フランス・イタリアの大スターが共演しているが、典型的なハリウッドの戦争アクションだった。

一方、イタリアとアルジェリア合作の『アルジェの戦い』(66)は、フランス植民地主義を批判する、ドキュメンタリータッチのレジスタンス映画。その他、中南米諸国の革命・クーデターをテーマとした『ゲバラ!』(69)、『サルバドル／遥かなる日々』(87)、『サンチャゴに雨が降る』(75)、『アンダーファイアー』(83)、『ミッシング』(82)、『戒厳令』、『チェ28歳の革命／39歳別れの手紙』(08)等が製作されている。革命・内乱というなら、ケン・ローチ監督がスペイン内戦をジョージ・オーウェルのルポルタージュ『カタロニア賛歌』風に映像化した『大地と自由』(95)をあげるべきで、ロシア革命がテーマなら『ドクトル・ジバゴ』(65)、『ニコライとアレクサンドラ』(71)、『レッズ』(81)の三本はリストアップしなければならない。

またアイルランド紛争を扱った『マイケル・コリンズ』（96）、『ブラディー・サンデー』（02）、『麦の穂をゆらす風』（06）、『ベルファスト71』（14）等同種の作品は数多く、アイルランド紛争を題材としたものはジョン・フォード監督の『男の敵』（35）以来歴史も古いので、関係ある映画を探し出したら相当な数にのぼる。

分類が難しいのは、ソ連のアフガニスタン侵攻（一九七九年）を背景としたアクション『ランボー／怒りのアフガン』（88）や『007／リビング・デイライツ』（87）等。これらは、反ソ連のプロパガンダ的性格をもった娯楽作だから、本来は一章か二章で扱うべきだったかもしれない。また、『フォー・ザ・ボーイズ』（91）のごとく、第二次大戦、朝鮮戦争、ヴェトナム戦争の三つの戦争にまたがる人間ドラマはどの章に入れるべきか迷ってしまう。

中東の火種

さて、ユダヤ系が大きな力をもつハリウッド映画界は、イスラエルとアラブとの戦いを何本も制作している。『栄光への脱出』（60）は、イスラエル建国を真正面からドラマ化した大作で、当時のハリウッド映画では異彩を放っていた。脚本は、一九四〇年代〜五〇年代の赤狩りと闘ったドルトン・トランボ。ブラックリストに載ったせい

『栄光への脱出』――イスラエル建国を描いた大作。主演ポール・ニューマン

で、実名で仕事ができなかったトランボが、『スパルタカス』に続き表舞台に復帰したことでよく知られている。

同じテーマながら、『巨大なる戦場』(66)の方は、『栄光への脱出』のように問題を深く掘り下げていないが、その後、量産されたハリウッド製親イスラエル戦争アクションに比べると、内容は事実にのっとった真面目なものだった。その違いは製作年代とも関係があろう。

一九六〇年代以降、繰り返された中東戦争とイスラエルのパレスチナ占領に対するアラブ過激派による報復テロのため、ハリウッド製中東紛争映画のタイプは大きく変貌する。七〇年代から八〇年代にかけアラブゲリラを悪玉として扱う作品が急増し、チャック・ノリス主演の『デルタ・フォース』(86)は、さしずめ、そのチャンピオンとでもいえようか。物語は、アラブの過激派がアメリカの旅客機をハイジャックし、人質をたてにベイルート空港に強制着陸するところから始まる。そこで、アメリカ軍の特殊部隊デルタ・フォースが出動し、チャック・ノリスやリー・マーヴィンがアラブ過激派を相手に、大活躍するといった具合。アラブ側が徹底的に悪玉となっているのは、実際にアラブゲリラが対イスラエル戦だけでなく、西側諸国の民間旅客機をハイジャックする等、世界中でテロを繰り広げていたからで、アラブに対する憎悪がスクリーンに満ち溢れている。『デルタ・フォース』の制作が一九八〇年代半ばだから、エンテベ空港にイスラエルの特殊部隊が奇襲作戦を決行した実際の事件より、十年が経過していた。

一九七六年、パレスチナ解放を主張するアラブ過激派がフランスの旅客機を乗っ取り、乗客を人質として、ウガンダのエンテベ空港にたてこもった。ウガンダ政府のハイジャック犯に対する煮え切らない態度にしびれを切らしたイスラエルは、特殊部隊をエンテベ空港へ密かに送り込み、アラブ過激派をせん滅し人質を救出したが、その際、空港を警備していたウガンダ兵を多数殺害した。テロに対し断固たる態度でのぞむイスラエル政府の方針は、他国の主権を侵害し、テロとは直接関係のない兵士をも殺す事態へと突き進んだ。

これは、アメリカのオバマ政権がビンラディン奇襲作戦をパキスタン政府へ通告せず、強行したのと本質的に同じ問題をもっている。パキスタンに作戦計画を伝えれば、ビンラディン側に情報が洩れる可能性が極めて高かったので、オバマ政権は計画を極秘に進め決行したわけだが、パキスタンの主権を公然と侵犯した事実は否定できない。エンテベ空港奇襲作戦との違いは、差し迫った人質救出がなく、テロリストではない国の兵士を殺害しなかった点である。

当時ウガンダは、悪名高きアミン大統領の独裁下で、しかもアミンがアラブ過激派と協力関係にあったから国際世論はイスラエル側に有利に働いた。奇襲作戦の顛末は、早くも事件の起こった年にバート・ランカスター、カーク・ダグラス主演で、ハリウッドが映画化している（『エンテベの勝利』〈76〉）。内容は、イスラエル軍の行動を英雄視したもので、チャック・ノリス主演の『デルタ・フォース』が、この好戦映画から多くのヒントを得ているのは確実といえよう。

『エンテベの勝利』は、日本でも劇場公開されたが、アラブ諸国の猛烈な抗議を受け、配給会社は一週間で上映を断念。同時期に同じ事件を映画化した『特攻サンダーボルト作戦』〈76〉に至っては、アラブ側の批判を避け、公開予定だったのを中止にした。

が、同作品は一九八七年になって我が国で劇場公開され、現在ＤＶＤも販売されている。

同じ頃、『五月の七日間』などの政治サスペンスを手がけた監督のジョン・フランケンハイマーが、アラブの過激派（黒い九月）のテロ活動をサスペンス仕立てで描いた『ブラック・サンデー』(77)は完成していたにもかかわれず、やはり我が国では劇場公開されなかった。公開直前になって、脅迫電話がかかってきたので、配給側が恐れをなして上映を中止したわけだが、私は同作品を紹介したテレビ番組（「11ＰＭ」）でその内容を知り楽しみにしていたから、『ブラック・サンデー』上映が取りやめになった記憶は鮮明である。

物語は、アラブの過激派（黒い九月）が、アメリカ国内にテロリストを送り込み、スーパーボール会場で、特殊爆弾を爆発させようとたくらむ。アメリカ国民注視のスーパーボールには数万人の観衆に加え、合衆国大統領（ジミー・カーター似の大統領が出てくる）も観戦することになっていたため、サスペンスが一層高まる仕掛けだ。アラブのテロリストを悪魔的にイメージ化するフランケンハイマー監督の演出は緊迫感に満ちすぐれているが、残念ながら、『影なき狙撃者』や『五月七日間』のようには、ドラマに奥行を感じられなかった。だが、二〇〇〇年の９・11同時多発テロを予言し

『エンテベの勝利』――イスラエル特殊部隊による人質救出作戦を描く

たともいえる先見性はさすがだと思う。

当時『ブラック・サンデー』を観たアメリカ人は、良くできたサスペンス映画と感じたかもしれないが、まさか類似した恐るべき大テロが、二十三年後、現実に起きるとは思わなかったであろう。それにしても同作品をはじめ、『エンテベの勝利』『特攻サンダーボルト作戦』の上映を中止にした日本人のテロリズムに対する及び腰の姿勢が突出している。ここまで日本人がテロに対し臆病となったのは、日本の敗戦後遺症のせいではないか。なおオバマ政権下でのビンラディン奇襲作戦は、キャサリン・ビグロー監督が女性CIA情報員（ジェシカ・チャスティン）を主人公にした力作（『ゼロ・ダークサーティ』）を制作しているので、是非ご覧になるとよい。

新たな悪玉探し

ところで、中東を舞台とした同種の反アラブ映画は、一九九三年のPLOとイスラエルの和平協定のおかげで、90年代に入り減少傾向にあった。それでも『ネイビー・シールズ』(90)や『エグゼクティブ・デシジョン』(96)のような作品もB級アクションの分野でまだ健在だったが、最初のハリウッド製湾岸戦争映画『戦火の勇気』(96)は、アメリカ軍人の栄光を讃えているものの、黒澤明の『羅生門』(50)を下敷きにした戦争サスペンス・ミステリで、いわゆる好戦映画ではなかった。

ソ連・東欧の共産主義体制崩壊前後、しばらくの間ハリウッドは、アメリカにとって脅威となる新勢力を探し続けたといえよう。頼みのアラブ過激派を悪玉として描けなくなれば、残るは麻薬シンジケートぐらいではないか。アメリカ政府が、パナマの独裁者ノリエガを中南米の悪役に仕立てたように、ハリウッドも、中南米政権と深い関係にある麻薬密売組織を、アメリカの脅威に押し上げつつあった。例えば、『デルタ・フォース』の続編、『デルタ・フォース2』(90)では、そのものズバリ、麻薬シンジケートが憎むべき敵となっている。チャック・ノリス率いるデルタ・フォースは、国境線を平然と侵犯して麻薬組織をせん滅。組織のボス役ビリー・ドラゴの憎々しげな面がまえは、もう劇画の世界に近い。この種の悪人はぶちのめせばならないという主張が強烈な印象を残す。

『デルタ・フォース2』以外にも、中南米での麻薬シンジケートの暗躍を描いたものは、『アパッチ』(90)、『エア・アメリカ』(90)、『エイセス／大空の誓い』(91)等、この時期に急増した。また、『パトリオット・ゲーム』(92)や『デビル』(97)では、IRA（アイルランド共和軍）につながるテロリストを登場させ、『クリムゾン・タイド』では、政情不安なロシアで、極右の好戦主義者が権力を奪取した場合を想定し、新たな敵づくりに四苦八苦している。

クリント・イーストウッド監督・主演の『ハートブレイク・リッジ／勝利の戦場』では、中南米の小国グレナダへの侵攻作戦を、アメリカ兵の英雄譚として描いている。尤も、この作品は『愛と青春の旅立ち』(82)、『フルメタル・ジャケット』と同系統の軍隊映画で、典型的な戦争映画ではない。だから戦闘シーンは二の次で、兵士を訓練するくだりが最大の見せ場になっている。軍隊ものは、ディーン・マーティンとジェリー・ルイス主演『底抜け右向け！左』(50)、テレビ映画『マイペース二等兵』等の喜劇から、『ブルースが聞こえる』(88)、『GIジェーン』(97)に至るまで古くから戦争映画の中で独立のジャンルを形成して来た。また『特攻大作戦』や『コマンド戦略』が、兵隊たちの訓練シーンばかりだったことは、既に第一章で詳述したとおりで、『ハートブレイク・リッジ/勝利の戦場』が、同じ系列に属すのは間違いない。それにしても、敵国がグレナダとは、アメリカの相手もずいぶんと弱くなったものである。

ところで、素性のはっきりしないテロリスト集団が登場する『ダイ・ハード』(88)や『沈黙の戦艦』(92)などは、キネマ旬報の「戦争映画大作戦」にリストアップされていない。『ダイ・ハード2』(90)の方は、前述したグレナダ侵攻に参加した兵士たちが、テロリストの一味となって登場するから、同続編についてはすくなくともリストに加えた方がよいだろう。

が、なぜか『トイ・ソルジャー』は、タイトル名がちゃんと載っている。全寮制の高等学校に南米コロンビアの過激派が突然乱入し、生徒たちを人質にアメリカ軍を相手にはでな戦闘を繰り広げる。軍隊を相手に戦うなら『沈黙の戦艦』の方が、もっと大掛かりなのに、なぜかこちらは取り上げられていない。そんな疑問を持ち始めたらきりがないので、ともかく本書では「戦争映画大作戦」のリストに従っていこう。

『タップス』——陸軍幼年学校校長を演じるジョージ・C・スコット（左）

敵は内部にあり

さて、全寮制の学校というなら、全寮制の陸軍幼年学校が舞台の『タップス』（81）は、軍隊の本質に肉迫した問題作だった。ドラマの発端は、アメリカの伝統ある陸軍幼年学校が、突然、財政難のため閉鎖される。この作品がつくられたのは一九八一年だから、冷戦を勝利に導いたレーガン政権が誕生した年。同政権の登場でソ連との緊張関係が一挙に高まった。幼年学校閉鎖の背景には、前のカーター政権による軍縮推進政策がある。当時、カーター大統領の軟弱外交が批判され、強いアメリカを望む声が日増しに大きくなる状況下で、『タップス』は、台頭しつつあるタカ派路線に赤信号を送っている。

幼年学校の校長は、軍人をやらせたら、右に出る者がいないと言われるジョージ・C・スコット。『パットン大戦車軍団』でのパットン将軍の印象は強烈だった。軍人の鏡ともいえる校長の下で、幼年学校の生徒たちは、軍人として生きる未来を夢見てきた。タイトルの『タップス』とは、戦死した軍人の名誉を讃える軍葬ラッパのこと。突然の学校閉鎖決定で、生徒たちの夢は大きく揺さぶられる。不安な日々が続く折、幼年学校のパーティの晩、近隣に住む若者たちが幼年学校生たちに罵声を浴びせ、挑発したため、両グループの大乱闘が始まる。あわてて校長が止めに入るが、不運なことに校長の携帯していた拳銃が、もみ合いの中で暴発、その弾丸で近隣に住む若者の一人が死ぬ。不慮の事故とはいえ、校長は警察に逮捕され、おかげで閉鎖までの一年間の猶予も取り消され、即刻学校は廃校となる。幼年学校生の動揺はついに頂点に達し、生徒たちは完全武装し校舎内にたてこもってしまう。

幼年学校生のリーダー格にティモシー・ハットン、トム・クルーズ、ショーン・ペンなど、当時の若手スターが扮しているのも見物。若者の純粋さが、軍隊の名のもとで暴走する様を描き、絵空事でないリアリズムタッチが恐ろしい。

その後レーガン時代になると、ソ連、キューバ、ニカラグアの連合軍が、突如、アメリカ本土に攻め込んでくる『若き勇者たち』(84)のような荒唐無稽な反ソ映画がつくられることになるが、それはほんの一時期に過ぎない。なにしろ、肝心の悪の帝国＝ソ連が一九九一年には、地上から姿を消してしまうのだから、米ソ冷戦の構図にのっかった好戦映画の出る幕はなくなる。(二〇一三年に日本でも公開された『レッド・ドーン』(12)は、『若き勇者たち』のリメイク版だが、攻め込んでくるのは中国軍として撮影されたにもかかわらず、公開直前中国の圧力によりデジタル処理で北朝鮮軍の映像に差し替えられた。ハリウッドでは有名なお話)

そこで、アラブゲリラ、麻薬シンジケート、ロシア過激派、IRAなど様々なテロリストが新たに悪玉となって、スクリーンに登場するわけだが、やはりどの集団もソ連共産主義の迫力には遠く及ばない。どうしてもにわか仕立てにつくられた敵という感じがしてしまう。もっと現実感のある恐ろしい連中はいないものか。

そう考えると、『タップス』は、レーガン時代の初期、ソ連崩壊以前に、いち早く冷戦後の存在感ある敵のイメージを提示したといえよう。それは味方の中にいる。武装した幼年学校生を鎮圧に来たアメリカ軍の指揮官のセリフが興味深い。「お前たちは、いつ化け物なってしまったのだ」。生徒たちの代表ティモシー・ハットンを怒鳴りつけながら、鎮圧軍の指揮官は、自分たちが幼年学校生をモンスターにしてしまった現実に気づき愕然となる。

この軍部に対する不信の念は、汚い戦争と言われたヴェトナム戦争と深く結びついているわけだが、注目すべきは、『タップス』が冷戦崩壊後、お払い箱となる軍人たちの反乱を予見していたことだ。アメリカ各地で元軍人たちの武装グループが存在し、今も社会問題になっているのはご存知だろう。

そして、当時ハリウッド映画の中で、元軍人がテロリストになるプロットが、次々と見られるようになった。クリント・イーストウッド主演の『ザ・シークレットサービス』(93)では、ジョン・マルコヴィッチ演じる元CIAの特殊暗殺部隊員は、自分を殺人マシーンにつくりあげたアメリカ政府に復讐を試みる。

元軍人がテロリストになる映画はそれ以外にも、例えば、『ダイ・ハード2』『ブロークン・アロー』(96)等いくつも制作された。『今、そこにある危機』(94)にいたっては、敵は味方の中にいるどころではない。映画の前半で、悪役はてっきり麻薬シンジケートだと思い込んでいると、驚くなかれ、最大の悪玉は合衆国大統領(ドナルド・モファット)ということがラストになって判明する。

同時多発テロ以降の変化

ソ連崩壊後、ハリウッドの敵探しの旅は、ついに来るところまできた感じだが、その流れは二〇〇一年九月十一日で終止符が打たれた。イラム過激派（アルカイダ）の同時多発テロによって、三千人に及ぶ一般市民が犠牲になったからである。この歴史的な大テロは、アメリカの世論を好戦的方向へ導き、当時のジョージ・ブッシュ政権は、国家のワクを越えた対テロ戦争をスタートさせた。さらにCIAの誤った情報により、イラク戦争まで始めてしまう。次のオバマ大統領は、イラクからアメリカ軍を撤退させるが、対テロ戦争の方はブッシュから引き継ぎ、二〇一〇年に同時多発テロの首謀者ビンラディンをパキスタン国内で奇襲し射殺する。その後、イスラム過激派は、ビンラディン率いるアルカイダにかわり、IS（イスラム国）が勢力を増し、シリアやイラクで自己の支配地域を拡大。現在、ISは勢いが弱まったとはいえ、同組織につながるイスラム過激派は、依然として世界各国でテロ活動を続けている。

同時多発テロ直後、暴力的なハリウッド映画が極端に減少し、テロを連想させる映像はご法度といった状況がしばらく続く。が、スピルバーグ監督が『ミュンヘン』（05）で、一九七二年のミュンヘンオリンピック開催中に起きたイスラエル選手団へのテロ事件を扱って以後、9・11事件をドラマ化した映画が制作されるようになった。

その筆頭が、オリバー・ストーン監督の『ワールド・トレード・センター』（06）。

本作は救出活動中、ツインタワーの崩落によって生き埋めになった二人の湾岸警察官とその家族の物語が中心だったから、旅客機の激突やビル火災シーンは極力抑制されていた。同時期の『ユナイテッド93』(06)は、九月十一日にハイジャックされた四機のうちの一機の中で起こった出来事を克明に描写した作品。こちらはアルカイダメンバーと乗客の姿を、徹底的したリアリズムで再現しているため、実に生々しく後味が悪い。以上、両作品のテロ描写は、事件の衝撃が人々の記憶にまだ鮮明に残っていたからだろう。

その後、両作品をきっかけに、テロ問題を扱ったアクション映画がすぐに製作された。ジェイミー・フォックス主演の『キングダム／見えざる敵』(07)やレオナルド・ディカプリオ主演の『ワールド・オブ・ライズ』(08)がそれで、デカプリオ主演の方は、CIA要員を主人公とした小説がもとになっているが、『キングダム／見えざる敵』は、ヨルダンに派遣されたFBI捜査官が、現地の警察と協力しイスラム過激派を追いつめる話。実際に起こった中東でのテロ事件をモデルにしている。しかも監督のピーター・バーグは、二〇〇五年、アフガニスタンで行なったネイビー・シールズの極秘作戦や二〇一三年のボストンマラソン爆弾テロを映画化した『ローンサバイバー』(13)や『パトリオット・デイ』(16)を制作しているから、単なるアクション派ではなく、現実の戦争やテロに強い関心をもつ映画作家といっていい。現実問題の映画化というなら、ジャーナリスト・作家出身のポールグリーン・グラス監督は、前述した『ユナイテッド93』を制作した本格派。同作品の後、イラク戦争開始の根拠となった大量破壊兵器問題をテーマとした『グリーン・ゾーン』で、ブッシュ政権の闇に迫っている、次の『キャプテン・フィリップス』(13)では、実際に起きたソマリアの海賊によるアメリカの貨物船襲撃事件を、臨場感あふれる映像で描いた。

対テロ戦争時代の「戦争映画」とは

アメリカの無人攻撃機による中東でのイスラム過激派掃討作戦を題材にした『ドローン・オブ・ザ・ウォー』(14)、イギリスが制作した話題作『アイ・イン・ザ・スカイ』(15)は、当時オバマ政権が積極的に進めていた無人攻撃機による対テロ戦争の危うさを暴露したものである。イラクやアフガンで正規軍の投入に消極的なオバマ大統領は、ドローン活用に代表される情報戦に重きをおいた秘密戦争を推進した。ブッシュ政権が強化した情報機関による秘密工作や監視体制を継承し、より拡大させたわけである。この事実は、アメリカ国内では重大な問題とされ、テレビで特集番組が放映されたほど。その延長線上に前述したドローン問題を扱った映画や、オリバー・ストーン監督の『スノーデン』(16)が制作された。

ところがわが国では、アメリカの情報機関によるドローンの活用や監視強化という一般問題にすり替えられ、これらの作品の公開は、オバマ大統領と無関係であるかの如く扱われた。当時『スノーデン』が、傑作のわりに評判にならなかったのは、以上のような背景がある。今頃になって、日本のリベラル派マスコミがにわかにスノーデンの発言を取り上げるのは、トランプ政権や安倍政権批判に都合がよいからに他ならない。が、そもそもオリバー・ストーン監督がトランプ大統領に期待を表明したことをみれば、映画『スノーデン』の制作意図は明白である。

また、アメリカの病巣に鋭いメスを入れてきたマイケル・ムーア監督も、『華氏911』(18)の中で、オバマ大統領の無人機爆撃による民間人殺害を取り上げ批判している。日本人は、いいかげんわが国リベラル派マスコミの嘘や情報操作に気づくべきだろう。

さて、ビンラディンの射殺から、ネイビー・シールズの名称はアメリカの特殊部隊の代名詞となった。それまではデルタ・フォースの方が、映画化されることが多かった(『デルタ・フォース』『ブラックホーク・ダウン』等)が、近年は『ゼロ・ダークサーティ』を筆頭に『ネイビー・シールズ』(12)、『ネイビー・シールズ6』(12)等に見られるように特殊部隊の主役は交代している。例のソマリアの海賊との戦いを活写した『キャプテン・フィリップス』で最後に船長(トム・ハンクス)を救い出すのも、やはりネイビー・シールズだった。

二〇〇一年九月十一日よりアメリカ軍は、特殊部隊を中心としたテロとの戦いを続けている。そのため同時多発テロから現在に至るまでを、テロ戦争映画の時代と区分することも可能かもしれない。但し、近年同事件を直接題材としたものは『ナインイレブン運命を分けた日』(17)くらいで減少し、そのかわり『パトリオット・デイ』や『15時17分、パリ行き』(18)に代表される、同事件後の無差別テロを扱った作品が増加しつつある。

さらには、『エンド・オブ・ホワイトハウス』(13)のように大統領官邸が攻撃される娯楽アクションまで制作されるほどで、今やテロ戦争映画は一大ジャンルを形成するまでになった。『エンド・オブ・ホワイトハウス』では、アメリカ大統領(アーロン・エッカート)を人質にするテロリストの一団は、北朝鮮から来た同国内の反乱分子という設定だが、明らかに北朝鮮軍の特殊部隊をイメージしている。テロリストの親玉が、朝鮮半島からの米軍撤退を要求するあたりは、現在北朝鮮と韓国文在寅政権の共謀によって進められている事態と重なり、なにやら予言めいて薄気味悪い。この戦争アクションは、近年の朝鮮半島情勢を背景としたテロ映画と言えるだろう。

さらに『ホテル・ムンバイ』(18)という二〇〇八年に起きたイスラム武装勢力によるインドでの同時多発テロを、生々しい映像で再現した作品が二〇一九年の九月に公開された。本作はインド・オーストラリア・アメリカの合作。いまや無差別テロが、世界的な危機になっていることをよく表している。

また、二〇一九年十月に公開された『エンテベ空港の7日間』(18)は一九七六年に起きたアラブ過激派によるハイジャック事件の再映画化。事件直後に制作された『エンテベの勝利』や『サンダーボルト救出作戦』のようにイスラエルサイド一辺倒ではないが、事件の実態が解明されているためか、アミン大統領が裏ではアラブ過激派と繋がり、共謀関係にあった新たな事実を暴露しているのをはじめ、イスラエルの奇襲作戦を当然視し、ウガンダの主権を侵害したことは全く問題にしていない。時代の変遷を感じさせる。

それにしても未来の戦争映画史家は、同ジャンルが制作された今の時代を何と名付けるだろうか。本書の著者としては気になるところだ。

エピローグ

オリジナル版の『戦争映画館』が世に出たのは一九九八年、出版元の社会思想社も今は存在しない。時代状況も大きく様変わりしている。オリジナル版は、同種の本として当時も異彩をはなっていたので、戦争映画マニアをはじめ、映画をよく知るファンからは好評を博したが、時代の激変を前にして修正や補足が必要となり、「増補・改訂版」として装いを新たに出版した。

元々『戦争映画館』は、戦争映画の思い出を記したマニア向けの本だが、作品を真面目に語ろうとすれば、どうしても社会背景や政治的問題を避けることはできない。そのため、オリジナル版でも、ＧＨＧの指導によって制作された「反戦・平和」映画を分析し、戦後左翼に豹変した映画人をかなり手厳しく批判した。このような本を左翼系出版社が出すのはまれで、出版を決めた社会思想社の偏りのない立場には改めて敬意を表したい。とはいえ、私が勉強不足だったこともあって、天皇制批判に代表される誤った記述等も散見されるため、その部分は書き改めた。

また社会思想社から出版した時は、慰安婦報道の誤りを朝日新聞社が謝罪する前で、その大誤報に基づく著作やテレビ番組が公然とまかり通っていたのに加え、中国や北朝鮮による領海侵犯・ミサイル実験等の挑発行為もまだあからさまでなかった。それに、私が左翼思想を払拭できずにいたことも影響しているが、旧版を読まれた人はお分かりだろうが、本の全体構造は変えていない。部分的な誤りがあったとはいえ、基本的スタンスは正しかったと自負している。一方、大幅に書き加えている箇所（ヴェトナム戦争映画史をはじめ、最近の戦争映画やＤＶＤ化された旧作評等）があるから、オリジナル版を読んだ人も十分満足できるだろう。

近年、戦争映画が徐々に増え始めているのではないか。『フューリー』『ヒトラーに屈しなかった国王』（16）『ダンケルク』『ハクソー・リッジ』『マリアンヌ』『ハイドリヒを撃て！「ナチの野獣」暗殺作戦』『小さな独裁者』（17）『ナチス第三の男』（18）『アンノウン・ソルジャー英雄なき戦場』（17）等の第二次大戦ものから、『ハートロッカー』『ローンサバイバー』『ある戦争』（15）『ＡＬＯＮＥ／アローン』（16）

『ザ・ウォール』(17)『ホース・ソルジャー』(17)『ハンター・キラー潜航せよ』(18)等、日本で劇場公開されただけでも本数は少なくない。それに近年ロシアがいくつもの戦争映画を制作している。この現象は、きな臭い世界の現状と深く関係しているが、映画製作の背景には様々な政治的思惑が絡んでいるため、十分に考察を深めながら、今後も戦争映画の動向に注視していく所存だ。

また、日本未公開の戦争映画が、近年次々とＤＶＤ化され、思いもよらない古いフィルム鑑賞が可能となった。本書ではこれらのＤＶＤ化作品を大幅に書き加えているが、基本はあくまでも少年時代に観た戦争映画のエキサイティングな思い出にある。いやむしろ、若い時に感動し印象に残った体験をベースにしているからこそ、後に観た作品の内容の理解も深まり、広がりのある視点を持つことができるのではないか。

ジョン・フォード監督の潜水艦映画『最後の一人』(30)を、最近ＤＶＤ化されたので観ると、全体がサイレントであるにもかかわらず、セリフの一部はトーキーとなっていた。字幕解説を基本にしながら、音声を交えた制作方法が、映像に独特の迫力をもたらし、トーキーに切り替わる過渡期に生まれた貴重な作品となっている。戦争映画の一本に数えられているが、潜水艦の事故を扱っているから海難事故のジャンルに含めるべきだろう。フォルコ・ルリが出演した『潜水艦浮上せず』が、本作から多大な影響を受けているのは疑いない。

本文でふれたように、来日したキャサリン・ビグロー監督が、私に観ることを薦めたジョン・フォードの潜水艦映画は、戦闘シーンが見せ場の『海の底』や『サブマリン爆撃隊』と思っていたが、どうやら『最後の一人』が本命だったようだ。

映画の鑑賞眼は、映画少年だった時を起点に、日々進化し続けていく。若き日に多くの映画に出会えたのは誠に幸いだった。その恵みに感謝する一番の方法は、同体験を人生にいかすことではないか。今ではそう確信するようになった。

あとがき

本書の校了を無事に終え、今ホットした時を過ごしているが、ここまで来るのに、思わぬ年月がかかってしまった。オリジナル版の『戦争映画館』を社会思想社から一九九八年に上梓した後、何度となく改訂版を出そうと試みたが上手くいかず、もうダメかなとあきらめかけていた頃、『戦争映画館』の主旨を十分に理解していただいた潮書房光人新社から出版の吉報が届いたわけである。社会思想社からオリジナル版を出した際の心地よい気分をつい思い出した。不思議な巡り合わせを感じている。

そんな経過もあって、次々と書き足して来たせいか、完成した新版は、全体としてバランスのあまり良くない構成と、ギクシャクした文章の流れになってしまった。その点はご容赦願いたい。

また、原稿を書き上げたのが、昨年の十月だから、東アジアをめぐる情勢はかなり現在と異なり、米中の対立状況も大分違う。武漢ウィルスについて触れていないのも執筆時の情勢を反映している。ただし、東アジア諸国や国内の全体主義勢力への見方は的中していたようだ。この先、中国・北朝鮮・韓国等、独裁・無法国家の国際的な孤立は益々進むだろう。

残念ながら、今年二月に公開された『地獄の黙示録ファイナル・カット』については言及できなかった。それらを含め、本書でリストアップしなかった多くの戦争映画は、いつか一冊の本にまとめたいと考えている。

本来は、本書を出版するうえでお世話になった人を列記すべきだが、全員をあげる余裕がないので、貴重な助言、ヒントをいただいた中根東樹氏の名前だけを記した。お許し願いたい。最後に、新版の編集に尽力してくださった潮書房光人新社の坂梨誠司氏と小野塚康弘氏に、心より感謝申し上げる。

二〇二〇年八月

瀬戸川宗太

参考文献

コーネリアス・ライアン／広瀬順弘訳『史上最大の作戦』（早川書房、一九九〇年）
イアン・ジョンストン／金丸美南子訳『クリント・イーストウッド―名前のない男の物語』（早川書房、一九九〇年）
マイケル・ヘンリー・ウィルソン／石原陽一郎訳『孤高の騎士クリント・イーストウッド（映画作家自身を語る）』（フィルムアート社、二〇〇八年）
マーク・エリオット／笹森みわこ訳、早川麻百合訳『クリント・イーストウッド ハリウッド最後の伝説』（早川書房、二〇一〇年）
アリスティア・マクリーン／平井イサク訳『ナヴァロンの要塞』（早川書房、一九七七年）
アリスティア・マクリーン／平井イサク訳『荒鷲の要塞』（早川書房、一九六八年）
D・ウェストハイマー／井上一夫『フォン・ライアン特急』（早川書房、一九六五年）
ラリー・コリンズ、ドミニク・ピエール／志摩隆訳『パリは燃えているか〔上下〕』（早川書房、二〇一六年）
田草川弘『黒澤明VS.ハリウッド「トラ・トラ・トラ！」その謎のすべて』（文藝春秋社、二〇一〇年）

上田敏『海潮音―上田敏訳詩集』(新潮社、一九五二年)
乾直明『外国テレビフィルム盛衰史』(晶文社、一九九〇年)
乾直明『ザッツTVグラフィティ外国:テレビ映画35年のすべて』(フィルムアート社、一九八八年)
瀬戸川宗太『戦争映画館』(社会思想社、一九九八年)
瀬戸川宗太『思い出のアメリカテレビ映画:スーパーマンからスパイ大作戦まで』(平凡社、二〇一四年)
瀬戸川宗太『「JFK」悪夢の真実:ケネディ暗殺のシネマ学』(社会思想社、一九九五年)
ジェイムズ・モナコ/訳=岩本憲児+内山一樹+杉山昭夫+宮本高晴『映画の教科書:どのように映画を読むか』(フィルムアート社、一九八三年)
サミュエル・フラー、クリスタ・ラング・フラー、ジェローム・ヘンリー・ルーズ/遠山純生訳『サミュエル・フラー自伝:私はいかに書き、闘い、映画をつくってきたか』(JRC、二〇一五年)
ジョー・デヴィッド・スマイヤー/中村省三訳『コンバットクロニクル―TVドラマ「コンバット!」エピソードガイド』(グリンアロー社、一九九八年)
増渕健『B級映画フィルムの裏まで』(平凡社、一九八六年)
増渕健監修『WAR MOIVIES　戦争映画大カタログ』(KKワールドフォトプレス、一九八〇年)
ジェームズ・ジョーンズ/鈴木主税訳『シン・レッド・ライン上下』(角川書店、一九九九年)

大野裕之『チャップリンとヒトラー―メディアのイメージと世界大戦』（岩波書店、二〇一五年）
岩崎昶『ヒトラーと映画』（朝日新聞社、一九七五年）
岩崎昶『映画の前説』（合同出版、一九八一年）
ジークフリード・クラカウアー／丸尾定訳『カリガリからヒトラーへ：1918―1933における集団心理の構造分析』（みすず書房、一九七〇年）
グレン・フランクル／高見浩訳『捜索者：西部劇の金字塔とアメリカ神話の創生』（新潮社、二〇一五年）
瀬戸川猛資『夢想の研究：活字と映像の想像力』（早川書房、一九九三年）
佐藤忠男『映画をどう見るか』（講談社、一九七六年）
佐藤忠男『アメリカ映画』（第三文明社、一九九〇年）
佐藤忠男『日本映画史2：1941―1959』（岩波書店、一九九五年）
小林信彦『一少年の観た「聖戦」』（筑摩書房、一九九八年）
『アメリカ映画200（1982）：映画史上ベスト200シリーズ』（キネマ旬報社、一九八二年）
野間宏『真空地帯』（岩波書店、二〇一七年）
五味川純平『人間の条件』（岩波書店、二〇〇五年）
有馬頼義『兵隊やくざ』（光人社、二〇〇三年）
百田尚樹『永遠の0』（講談社、二〇〇九年）

百田尚樹『海賊と呼ばれた男上下』（講談社、二〇一二年）
フランソワ・トリュフォー、アルフレッド・ヒッチコック／山田宏一、蓮見重彦訳『映画術ヒッチコック／トリュフォー』（晶文社、一九八一年）
フレッチャー・ニーベル、チャールズ・ベイリー／牛田佳夫訳『五月の七間』（みすず書房、一九六三年）
リチャード・コンドン／佐和誠訳『影なき狙撃者』（早川書房、二〇〇二年）
ネヴィル・シュート／佐藤龍雄『渚にて』（創元社、二〇〇九年）
香川京子『ひめゆりたちの祈り』（朝日新聞社、一九九三年）
江藤淳『閉された言語空間：占領軍の検閲と戦後日本』（文藝春秋社、一九九四年）
ジョン・アール・ヘインズ、ハーヴェイ・クレア／中西輝政監訳『ヴェノナ』（ＰＨＰ研究所、二〇一〇年）
平野共余子『天皇と接吻：アメリカ占領下の日本映画検閲』（草思社、一九九八年）
伊藤正巳『法律学講座双書　憲法　第三版』（弘文堂、一九九五年）
大石真『日本国憲法（放送大学教材）』（放送大学教育振興会、二〇〇五年）
橋爪大三郎『国家緊急権』（ＮＨＫ出版、二〇一四年）
ロバート・ケネディ／毎日新聞外信部訳『１３日間―キューバ危機回顧録』（中央公論新社、二〇一四年）
春名幹男『ヒバクシャ・イン・ＵＳＡ』（岩波書店、一九八五年）
ジョージ・オーウェル／都築忠七訳『カタロニア賛歌』（岩波書店、一九九二年）

『キネマ旬報臨時増刊号　戦争映画大作戦』（一九九五年、キネマ旬報社）
双葉十三郎『僕の採点表Ⅰ—西洋シネマ大系１９４０、１９５０年代』『僕の採点表Ⅱ—西洋シネマ大系１９６０年代』（ともにトパーズプレス、一九九〇年、一九八八年）
畑暉男編『２０世紀アメリカ映画辞典：１９４４→２０００日本作品記録』（（株）カタログハウス、二〇〇二年）
『戦闘車両大百科』（（株）アルゴノート、二〇一九年）
『LEONARD MALTIN'S MOVIE AND VIDEO GUIDE 1997』（1997 ASIGNET BOOK）
『The Complete Directory Prime Time Network and Cable TV Shows 1946－Present』（1979 Tim Books and Earle Marsh）

＊本書は、平成十年六月刊行の現代教養文庫『戦争映画館』を増補・改訂、改題しました。

わ行

や行

ら行

ま行

な行

は行

た行

さ行

か行

映画題名索引

題名（公開年、製作国）

あ行

NF文庫

世界の戦争映画100年

二〇二〇年十月十九日　第一刷発行

著　者　瀬戸川宗太

発行者　皆川豪志

発行所　株式会社　潮書房光人新社

〒100-8077　東京都千代田区大手町一-七-二

電話／〇三-六二八一-九八九一㈹

印刷・製本　凸版印刷株式会社

定価はカバーに表示してあります

乱丁・落丁のものはお取りかえ致します。本文は中性紙を使用

ISBN978-4-7698-3185-3　C0195

http://www.kojinsha.co.jp

NF文庫

刊行のことば

第二次世界大戦の戦火が熄《や》んで五〇年——その間、小社は夥しい数の戦争の記録を渉猟し、発掘し、常に公正なる立場を貫いて書誌とし、大方の絶讃を博して今日に及ぶが、その源は、散華された世代への熱き思い入れであり、同時に、その記録を誌して平和の礎とし、後世に伝えんとするにある。

小社の出版物は、戦記、伝記、文学、エッセイ、写真集、その他、すでに一、〇〇〇点を越え、加えて戦後五〇年になんなんとするを契機として、「光人社NF（ノンフィクション）文庫」を創刊して、読者諸賢の熱烈要望におこたえする次第である。人生のバイブルとして、心弱きときの活性の糧《かて》として、散華の世代からの感動の肉声に、あなたもぜひ、耳を傾けて下さい。